참 잘하셨습니다

# 참 잘하셨습니다

**초판 1쇄 발행** 2014년 1월 8일
**저 자** 박 상 철
**발행처** 도서출판 지혜로운
**출판등록** 2011년 11월 10일 제327-2011-08호
**주 소** 부산광역시 동구 수정2동 542-6
**연락처** 010.2650.8744
**이메일** ssaljuk@nate.com

일러스트 천혜림 김명준

# 참 잘하셨습니다

박상철 지음

지혜로운 books of wisdom

# 차례 Contents

20여 년 간 목회를 해오면서 나름대로의 철학이 있었습니다. 실력이 없으면 열심히라도 하겠다는 것입니다. 그래서 주께서 깨닫게 하시는 대로, 필요가 보이는 대로, 닥치는 대로 열심히 했습니다. 그런데 요즘 그 열심마저 안배와 효율이라는 핑계로 시들해져버린 것 같아서 아쉽고 송구합니다. 그 열심 중에 하나가 책상에 앉아서 매주 칼럼을 쓰는 것이었습니다.

1992년 초, 담임목회를 시작하면서부터 주보에 '목양칼럼' 이라는 제목으로 매주 생활 속에서 겪은 이야기를 써왔습니다. 풀 한 포기를 보고 인생을 얘기할 수 있는 시인의 안목과 찰나의 순간을 포착하는 사진 작가의 순발력에는 훨씬 못미쳤지만 지난 20여 년 동안 매주 한편씩 칼럼을 써야 한다는 스스로 선택한 부담감 덕분에 사물과 사건과 사람을 보는 안목이 조금씩 생기게 되었고 나름 이야기를 만드는 방법도 좋아지게 되었습니다.

어설픈 글들이라서 널리 퍼뜨리지 못하고 교회 주보를 통해서 우리 교인들에게만 공개해왔었는데 이번에 용기를 내어 책으로 출간하게 되었습니다. 너무 오래 전에 썼던 글들은 지금 어디 있는지도 모르겠고 찾아도 오래되어 현장감도 없을 것 같아서 최근의 이야기만 몇 편 정리하여 엮었습니다.

삶과 사역의 현장에서 실제 있었던 이야기들이라서 친숙하게 다가가기를, 깔끔하고 세련된 문장들이 아니라 평범한 문체라서 오히려 더 편안하게 읽혀지기를 내심 기대하고 있습니다. 제가 경험한 일상의 이야기들을 통해서 피식 웃을 수 있는 즐거움과 따뜻한 느낌들을 함께 느낄 수 있기를 바랍니다. 엄청나게 많은 책들이 쏟아져나오는 요즘, 이 책마저 또 하나의 공해가 되면 어쩌나 하는 염려도 있지만 누군가 소중하게 읽어줄 단 한 사람이라도 있다면 그것으로 만족하리라는 소박한 욕심으로 용기를 내봅니다.

몇 장의 종이 쪼가리를 하나의 책으로 엮어주신 도서출판 지혜로운의 권지혜 자매님과 글 속에 등장한 여러 주인공들에게 감사하고 내 인생의 출발점인 엄마와 사랑하는 교우들과 기쁨의 근원인 하영이와 의환이, 제일 친한 친구인 아내 혜욱이에게 고맙습니다. 그리고 아직도 나를 목사로 써주시는 하나님께 감사합니다.

청소년바보 박 상 철

추천의 글을 부탁하며…

여러 권의 책들을 살펴봤습니다. 책의 서문 다음에는 유명하고 훌륭한 분들의 추천의 글들이 공식처럼 실려있더군요. 걱정입니다. 저는 그렇게 유명한 분들과의 친분도 적고 그분들께 추천의 글을 써달라고 해서 부담을 드리기도 미안해서 편법을 좀 썼습니다. 만만한 제자들을 동원한 것입니다. 20여 년 교회 사역과 다음 세대 사역을 통해서 양육한 제자들 중에 몇 명을 추려서 추천의 글을 써달라고 했지요. 영광이라고 하면서 고민 가운데 기꺼이 써준 제자들이 좋습니다. 역시 잘한 것 같습니다.

첫 번째 추천의 글을 써준 길선희 자매는 춘천 예스컴의 대표간사로, 20년을 함께 사역한 제자입니다. "리틀 박상철"이라는 별명을 좋아한다는 소리를 듣고서 저는 "늙은 길선희"가 되고 싶다고 말해주었습니다. 제가 보기에 선희는 세계 최고의 청소년 사역자입니다.

두 번째는 세종시에서 초등학교 선생님으로 학교선교사 사역을 하고 있는 저의 애제자 유현경이 써주었습니다. 제 초창기 사역의 면류관입니다. 이 친구는 늘 소녀 같은 감성에 의외의 과감성을 지닌 제자입니다. 유 선생에게 배우는 학생들은 참 복받은 겁니다.

세 번째 추천의 글을 써준 이혜경 자매는 초등학교 교사이면서 목회자 사모입니다. 교회와 가정을 섬기며 학교 복음화를 위해서 버겁게 달리고 있지만 늘 웃음을 잃지 않는 잘 훈련된 제자입니다. 좋은 엄마와 한 남자의 아내, 목회자의 사모와 아이들의 좋은 선생님이라는 모든 역할을 멋지게 감당하고 있는 예쁜 사람입니다.

네 번째 추천의 글은 미국에 살고 있는 이승현 자매가 썼습니다. 제가 미국에서 사역할 때 양육했던 제자인데 지금 미국에서 박사 학위를 마치고 교수 임용을 앞두고 있습니다. 교수가 되어서 캠퍼스 복음화를 이루겠다는 목표로 공부를 한 자매입니다. 내가 그렇게 꼬셨지요. 그 꼬임에 넘어가서 결국 그 일들을 이루어가고 있습니다. 이 친구는 늘 자기가 저의 일등 제자라고 자랑하고 다니곤 합니다.

수백 명의 제자들 가운데 이렇게 네 명을 선정한 이유는 다른 제자들 보다 더 잘나서도 아니고 저랑 더 친해서도 아닙니다. 양육 기수와 분야를 생각해서 뽑았고 그저 그날 저와 전화 통화가 된 사람들입니다. 좋은 추천에 고맙습니다. 이 친구들이 "내가 박상철 목사님 제자"라고 자랑할 만한 목사로 살아야겠다고 새삼 다짐해 봅니다.

예스컴 대표간사
**길 선 희**

저는 박상철 목사님의 제자인 동시에 20여 년 동안 동고동락해온 동역
자입니다. 최측근으로서 박목사님을 한마디로 표현해본다면 "복음과
젊은이들에게 미친 사람"입니다. 박목사님은 사역 초기부터 지금까지
한결같았습니다. 젊은이들에게 복음을 전하고 그들을 제자삼아 장성
한 분량에까지 자라도록 훈련하기에 혼신을 다하셨지요. 실로 이 일에
박목사님은 자신의 모든 삶을 다 투자했다고 말해도 과언이 아닙니다.

재물과 젊은이를 택해야 할 때, 명예와 젊은이를 택해야 할 때, 안락과
젊은이를 택해야 할 때 박목사님은 주저없이 젊은이를 택했습니다. 그
리고 늘 그의 선택은 옳았으며, 그가 복음을 전하고 양육한 제자들은
전국각지에서 또 다른 박상철이 되어 젊은이들에게 복음을 전하는 삶
을 살아가고 있습니다. 저 역시 그들 중 하나입니다.

박목사님이 이토록 한결같이 젊은이들을 복음으로 바로 세우려고 그의 열정을 다하는 이유는 이 민족의 교회를 새롭게 하고 부흥케 하기 위해서는 오로지 복음으로 바로 선 젊은이들이 필요하다고 생각하시기 때문일 것입니다. 박목사님의 한국교회를 향한 뜨거운 열정과 눈물, 그리고 젊은이 사역에 알맞게 주께서 주신 재능이 그를 30년 동안 한 길을 걸어오게 하였던 원동력이 될 수 있었던 것 같습니다.

이 책은 지금까지 그저 습관처럼 신앙생활을 하였던 그리스도인들에게 뜨거웠던 첫사랑을 회복하게 해줄 것입니다. 생활 속에서 묻어나는 박목사님의 섬세한 감성 터치와 탁월한 안목으로 엮어낸 일상의 소소한 이야기들이 많은 독자들에게 설교 이상의 강한 힘으로 다가가기를 기대합니다.

세종시에서 제자
**유 현 경**

추천의 글을 부탁받은 저는 어느새 마감이 임박한 작가들의 심정으로 컴퓨터 앞에 앉아 박목사님에 대해서 생각하기 시작했습니다. 내가 박목사님을 언제 만났더라? 지난 세월 동안 어떤 일들이 있었더라? 예전의 그 기억들을 떠올려 보는 동안 저는 마음이 뭉클해지면서 코끝이 찡해지는 춘천의 어느 겨울밤으로 돌아가게 되었습니다.

1992년, 청년들이 교회에 모여 성탄절 준비를 하던 추운 겨울밤이었고, 저로서는 연습 내내 마음이 불편한 날이었습니다. 밖에는 눈이 오고 날씨는 너무나 추운데 제 자취방 연탄보일러가 자꾸만 꺼져버렸기 때문입니다. 아무에게도 말하지 않고 두 번이나 슬쩍 교회 근처 자취방으로 뛰어가 번개탄으로 불을 붙여놓고 다시 교회로 돌아왔는데 두 번다 실패한 상태였습니다. 부모님 곁을 떠나 혼자 살아야 했던 저는 도대체 이 보일러를 어떻게 다뤄야할지 몰랐습니다. 점점 싸늘히 식어가는 제 방을 불안하게 바라보다가 다시 교회로 뛰어갔고, 자정이 다 되어갈 때쯤 연습이 끝나 각자의 집으로 돌아가게 되었습니다. 제 발걸음은 너무나 무거웠습니다. 보일러 꺼진 제 방은 너무 초라했습니다. 어두운 방 안에 앉아 떨고 있을 때 어떻게 아셨는지 목사님이 밖에서 저를 부르셨고, 나가보니 전기히터와 담요와 뭔가 따뜻하게 할 만한 것들을 잔뜩 안고 계셨습니다. 그날 밤 저는 정말 많이 울었습니다.

목사님을 기억하는 많은 일들 틈에서 그날 밤 일은 목사님을 아버지처럼 큰 오빠처럼 또 친정엄마처럼 생각나게 하는 사건이었습니다. 다시 말하지만 저는 추천사를 쓸 만큼 훌륭한 사람이 아닙니다. 다만, 내가 하나님의 사랑을 어떻게 느낄 수 있었는지 말씀드리고 싶습니다. 누구나 자신이 처한 그 자리에서 하나님을 이야기할 수는 있으나 목사님처럼 그 이야기를 하는 동안 한결같이 행복하고 가슴이 따뜻해지는 삶으로 살아가기란 얼마나 어려운 일인가 생각해봅니다.

책이 너무 늦게 나온 감이 있지만 목사님의 컴퓨터나 수첩에만 간직되다가 잊혀질 뻔 했던 아름다운 이야기들이 이제라도 세상에 나오게 되어서 참 다행입니다. 또한 이 책을 읽게 되실 분들도 더불어 축하드립니다. 목사님의 책으로 인하여 하나님의 나라에 가는 그날까지 하나님께 잘 붙어서 가지치고 열매 맺는 행복한 마음의 짐을 주저없이 안고 갈 수 있는 그 힘을 얻으실 수 있기를 소망합니다.

목사님의 영원한 애제자
**이 혜 경**

제 인생을 통째로 바꾼 오래 전 이야기를 하려고 합니다. 1992년이었습니다. 나를 향한 거대한 4년 간의 훈련이 기다리고 있다는 걸 꿈에도 모른 채, 너무도 천진난만하게 춘천교대에 입학하였습니다. 입학 후한 3주 정도 주님이 안계시는 것처럼 예배를 드리지 않고 지냈습니다. 그러던 어느 날, 기숙사 친구의 손에 이끌리어 박상철 목사님을 뵙게되었고, 지혜롭지 못했던 나도 하나님께서 나를 '춘천교대'에 입학시키신 것이 아니라 '춘천제일교회'에 입학시키셨구나...라는 사실을 슬슬 깨닫기 시작했습니다. 유교적인 집안에서 자라 신앙 교육을 제대로받지 못했던 나를 위한 하나님의 위대한 계획이 시작되었던 것입니다.

박상철 목사님은 갓 대학에 입학해 부모의 품을 떠난 나와 친구들에게또 다른 부모가 되어주셨습니다. 기숙사 생활, 자취 생활로 지쳐있는우리를 불러서 먹이시고, 말씀으로 단단해지도록 끊임없이 훈련시켜주셨습니다. 영의 양식과 육의 양식의 균형이 절대 깨지지 않도록 조화롭게 끊임없이 공급해 주셨던 것입니다.

철없던 우리들은 그저 넙죽넙죽 잘 받아먹었습니다. 슬며시 신앙이 다져지고 철이 들어가던 3학년 막바지였습니다. 여느 때처럼 친구와 함께 목사님댁을 기습적으로 방문했는데, 목사님 가정에 쌀이 떨어져 라면을 드시고 계신 광경을 목격하고 말았습니다. 친구와 얼마나 많이 울었는지 모릅니다. 이 글을 쓰고 있는 지금도 눈물이 납니다. 그 상황이 되도록 우리를 아낌없이 먹이셨다는 생각에 가슴이 너무 아팠습니다.

목사님의 사랑으로 무장된 철저한 훈련 덕분에 나는 지금도 때마다 주님을 부르며, 의지하며 살아갈 수 있게 되었습니다. 실패를 실패로 받아들이지 않고 주님께서 주시는 기회인 것을 눈치 채며, 주님과 호흡하며 살아갈 수 있게 되었습니다. 평범한 남편과 결혼을 했으나, 그 남편이 하나님의 부르심에 순종한 덕분에 지금 저는 목회자 사모가 되었습니다. 목사님을 통한 각종 훈련들은 지금을 위함이 아니었나 생각하게 됩니다. 사역이 무엇인지, 목회가 무엇인지, 희생이 무엇인지, 하나님께서 사랑하는 양떼를 사랑하고 훈련시키는 것이 무엇인지를 목사님을 통해 밝히 보게 하셨습니다.

이 책은 삶으로 주님의 살아계심과 사랑을 보여주셨던 목사님의 목회 여정을 그대로 담아내신 것이라는 것을 의심치 않습니다. 목사님을 진심으로 존경하고 사랑합니다.

미국 올랜도에서 자칭 일등제자
| **이 승 현**

이른 아침부터 전화벨이 울렸습니다. 한국으로부터 온 국제전화였습니다. 사랑하는 아빠 목사님이 영광스럽게도 이 일등 제자인 저에게 추천의 글을 부탁하셨습니다. 흔쾌히 쓰겠다고는 했는데 며칠간 깊은 고민에 빠져 있었습니다. 지난 8년 간 박 목사님을, 교회를, 사역을, 가족들을 가깝게 알고 지내왔지만 추천의 글을 쓰기가 쉽지는 않더군요.

문득, 언제나 손을 뻗으면 손에 닿도록 곁에 가깝게 두고 보던 네 권 분량의 제자훈련 책들과 노트들을 꺼내보며 지난 8년을 돌아봅니다. 목사님의 사역은 늘 제 신앙 생활의 방향을 잡아주는 지표가 되었고 저의 신앙관과 가치관에도 큰 영향력을 끼쳤습니다. 메마른 땅 라스베이거스에서 넘치는 샘과 시원한 그늘이 되어준 엘림연합교회와 미국 예스컴, 그 가운데에 박목사님이 계셨기에 오늘의 제가 있습니다.

삶의 목적을 잊고, 방향을 잃어버리고, 사람과의 관계에 지치고, 하나님과의 관계에 소홀해졌던 저였습니다. 그런 시절에 목사님과 함께 웃고 장난치며 즐거운 시간을 보냈고, 함께 삶을 고민했으며, 올바른 하나님의 제자로 살기 위해, 성공하는 인생을 위해 어떤 자세로 오늘을 살고 내일을 위해 꿈꿔야 하는지를 실질적으로 보여주셨습니다. 행복하게 하나님 섬기는 것을 가르쳐 주셨고, 교회를 사랑하는 방법과 관계의 소중함을 깨닫게 이끌어 주셨습니다. 제 삶에 어떤 광야가 와도 담담하게 순종하며, 받은 은혜를 감사하고, 받을 은혜를 기대하며, 평범함을 감사하며, 그렇게 담백하게 하나님을 사랑하는 법을 배웠습니다.

따뜻한 밥 한 끼가 그리울 때, 가족의 손길이 필요할 때, 따끔한 훈계가 필요할 때, 좋은 친구가 절실할 때, 실패하여 격려가 필요할 때, 힘들고 지쳐서 기도가 절실할 때… 제 삶 구석구석에 늘 목사님이 좋은 목자, 스승, 아버지, 친구로 자리를 지켜주셨습니다. 늘 강조하시던 하나님, 사람, 가족, 나와의 관계의 중요성, 열정적으로 맡은 사명을 감당하는 삶의 자세의 중요성, 그리고 직접 부딪히고 실패하고 성공하면서 배우는 경험의 중요성은 지금 제게도 중요한 지표가 되고 있습니다.

책장을 한장 한장 넘기며 제가 경험했던 박상철 목사님의 삶과 사역을 통해 우리들의 삶 구석구석에서 섬세하게 일하시는 하나님의 손길을 다른 많은 분들도 경험하실 수 있기를 기도합니다.

# 001
# 작은 신음에도 응답하시는 하나님

지난 수요일에 부산 극동방송의 드림 스테이션 이라는 프로에 출연했습니다. 밤 10시부터 한 시간 반을 생방송으로 진행하는 청소년 대상 프로그램입니다. 우리 교회의 청소년들도 서너 명 정도 함께 와달라는 부탁을 받고 나름대로 방송에 적합할 것 같은 고등학생들과 함께 갔습니다. 큰 사업가가 되어서 선교사를 지원하고 보내는 선교 사역을 감당하겠다는 신우와 대통령이 되어서 기울어져가는 세상을 바로잡겠다는 자민이, 유명 연예인이 되어서 기독교 문화를 이 땅에 정착시키겠다는 민성이, 그리고 북한 선교를 위해 철저하게 준비를 하고 있는 학생회 담당 이시온 전도사와 함께 했습니다.

방송 시작 전의 긴장감과는 다르게 어찌나 자연스럽게 자신의 포부를 밝히며 방송을 잘하는지 정말 자랑스럽고 든든했습니다. 방송국 직원들이 입을 모아 아낌없이 칭찬을 할 정도로 은혜롭고 재미있는 방송이었습니다. 그리고 교회를 사랑하고 주님을 사랑하는 것이 아름답게 드러나고 잘 정리된 그들의 가치관과 신앙이 놀라울 정도였습니다. 우리 모리아교회의 홍보대사 역할도 톡톡히 했습니다. 참 멋진 놈들입니다. 방송을 마치고 돌아오면서 신바람이 나서 여기저기 전화를 하는 아이들을 보면서 참 흐뭇하고 감사했습니다. 이 아이들에게는 자신을 정리하고 다짐할 수 있는 일생의 중요한 경험이었겠다는 생각에 더욱 감사했지요. 참 잘한 일 같습니다. 집 가까이 오니 밤 12시가 훌쩍 넘었더군요. 내려줄 아이들을 내려주고 차를 몰고 집으로 가는데 숨어있던 피로감이 몰려왔습니다. 새벽 4시 5분에 일어나서 이 시간까지 돌아다녔으니 피로할 만도 하지요.

그 때 문득 "집 앞에 주차 할 자리가 없을 텐데..."하는 걱정이 들었습니다. 차를 교회에다 대고 걸어 갈까 하다가 뻔히 자리가 없을 것을 알면서도 차를 몰고 아파트 주차장으로 올라갔습니다. 가면서 혹시 모를 요행과 장난스러운 마음으로 하나님께 기도를 했습니다. "아버지, 저 오늘 엄청 열심히 살았는데 주차할 자리 하나 남겨 주세요!" 기도를 하고도 피식 웃음이 났습니다. 아니나 다를까 빼곡히 들어찬 차들이 얄밉게 쳐다봅니다. 우리 집 앞을 지나쳐 아파트 끝까지 가도 자리는 없습니다. 포기를 하고 겨우 차를 돌려서 교회주차장으로 가려고 나오면서도 무거운 가방 들고 피곤에 지친 다리로 집까지 걸어올 생각에 한숨이 나옵니다.

앗! 그런데 이게 웬일입니까? 주차하기 제일 좋은 자리에 있던 하얀 차 한 대가 스르르 미끄러지듯 주차장을 빠져나갑니다. "기뻐하며 경배하세~"환희의 송가가 저절로 튀어나옵니다. 깔끔하게 주차를 하고 집으로 들어가면서 작은 신음에도 응답하시는 은혜에 다시 한 번 감사했습니다. 별일은 아니었지만 피로가 확 풀릴 정도로 기분이 좋았습니다.

# 002

# 아버지와 아들

지난 화요일 저녁이었습니다. 방송국 스케줄을 마치고 급하게 만나자는 분이 있어서 시내에 갔다가 저녁에 집으로 돌아오고 있었습니다. 정우마트를 지나서 화신아파트와 교회 쪽으로 오는 삼거리 모서리의 김밥천국집 앞을 운전하며 지나는데 낯익은 모습이 보입니다.

감색 양복을 입고 네모난 갈색 백팩을 메고 걸어가는 모습이 분명 진헌이입니다. 반가운 마음에 차창문을 내리려다 보니 옆에 같은 색 양복을 입은 황 집사님도 보입니다. 아버지와 함께 퇴근을 하는 것 같습니다. 어스름한 저녁에 아버지와 아들이 나란히 걸어가는 모습이 참 보기 좋습니다. 무슨 대화를 하는지는 몰라도 뭔가 이야기를 나누며 걷는 모습이 마치 가족드라마의 한 장면처럼 느껴집니다. 풋풋하고 정겹습니다.

문득 10년 전에 돌아가신 우리 아버지 생각이 납니다. 나는 우리 아버지와 저렇게 다정한 모습으로 단둘이 걸어본 적이 별로 없는 것 같습니다. 아무리 생각을 해도 아버지가 몸이 불편해지신 다음에 부축을 해드린 것은 기억이 나는데 나란히 도란도란 이야기를 하면서 여유있게 걸었던 적은 없었던 것 같습니다.

다른 이들과 함께 있을 때와는 다르게 아버지와 단둘이 남겨지면 불편했던 기억이 있습니다. 아버지와 아들이라는 묘한 어색함과 서먹함이 아버지에 대한 이미지로 남아있지요. 그리고 제가 어릴 때는 아버지가 바쁘셨고 커서는 제가 바빠서 둘만의 시간들을 못 가졌던 것 같습니다. 참 아쉽고 후회되는 일 중에 하나입니다. 늘 죄송한 마음이구요.

다정하게 걸어가는 아버지와 아들의 모습이 아름답기도 하고 부럽기도 해서 부르지도 못하고 지나치지도 못하면서 천천히 뒤따르다가 조심스레 지나서 집으로 돌아왔습니다. 아버지와 아들의 정겨운 데이트를 방해하고 싶지 않았지요. 집에 와서도 가슴 그득한 여운이 가시지를 않습니다. 마치 좋은 영화를 보고난 후의 그런 여운입니다.

진헌이는 아버지와 나란히 걸을 수 있는 것이 얼마나 부럽고 복된 일인지를 알고 있을지 모르겠지만 정말 아름다운 모습이었습니다. 아버지가 계신 분들은 오늘 한번 아버지와 단둘이 천천히 걸어보세요. 굳이 팔짱까지는 끼지 않아도 충분히 아름다울 겁니다.

오늘 따라 아버지가 더 보고 싶습니다.

# 003

# 007 작전의 주인공

이년 전부터 서울의 동일교회 부흥회가 약속이 되어있었습니다. 교회 적응을 핑계대며 미루다가 지난 주에 부흥회를 하게 되었지요. 그 교회 담임목사님이 욕심이 많으신지 주일 오후부터 시작해서 수요일 밤까지 새벽 낮밤으로 집회를 해달라고 하십니다. 원래 주일 오후 2시 예배인데 강사가 부산에서 오니까 한 시간 미뤄서 3시부터 시작을 한답니다. 시간을 맞추기 위해서 김해 공항에서 1시 비행기를 예약했습니다. 시간이 촉박합니다.

우리 교회 3부 예배 축도를 마치자마자 강단을 내려와서 차로 걸어가면서 가운을 벗어 이 전도사님께 맡기고 전 집사님이 시동을 걸어 놓은 차에 올라 공항으로 향합니다. 겨우 시간을 맞춰 비행기에 올라서 샌드위치로 식사를 하고 김포 공항에 내리니 동일교회 부목사님이 대기하고 있습니다.

마치 007 작전 같다는 생각을 했습니다. 한 시간을 달려서 다행히 예배 시간 전에 도착하여 첫 집회를 시작했습니다. 그 교회의 스케줄대로 집회와 사역에 최선을 다하던 중 수요일 밤 늦게 최기술 집사님이 갑자기 소천하셨다는 소식을 들었습니다. 가슴이 철렁합니다. 많이 놀랐을 김현자 권사님을 생각하니 가슴이 아픕니다.

장로님들이 담임목사는 서울에서 부흥회 인도중이니 부목사가 장례를 집례하도록 하자고 배려를 해주십니다. 그런데 제 마음이 허락을 안합니다. 동일교회 당회에 양해를 구해 수요일 낮 집회를 쉬기로 하고 새벽 비행기에 몸을 실었습니다. 또 007 작전이 시작됩니다. 교회에 도착해보니 병석에 계시던 허채경 성도님께서도 소천하셨답니다. 최 집사님 발인예배 후 허채경 성도님 장례식장으로 가서 예배를 인도했습니다. 오후에 다시 서울행 비행기로 가서 집회를 마치고 다시 부산으로 돌아와서 금요일 아침 발인예배를 집례했습니다.

한 치의 오차도 없는 기막힌 스케줄입니다. 예배 후 시신을 운구하는데 뒤따르던 허채경 성도님의 따님이 엄마를 부르며 소리쳐 웁니다. "엄마 어디가~ 불쌍한 우리엄마~ "하는 안타까운 외침에 마음 속으로 대답을 했습니다. 엄마는 눈물도 아픔도 없는 천국에 가십니다. 결코 불쌍한 것이 아닙니다. 이 땅에 진짜 불쌍한 사람들을 구원하기 위해서 기꺼이 영적 007 작전의 주인공이 되겠다고 다짐을 해봅니다.

# 004

# 부산 사람 다 된 것 같아요

부산으로 온 지가 삼 개월이 다 되어갑니다. 어색하고 낯설기만 했던 땅이 적당하게 친숙해지고 있습니다. 원래 부산에 사시던 분들은 별 감각없이 사시겠지만 타지에서 온 사람들의 눈에는 좀 특이한 것들이 몇 가지 있습니다.

부산에서는 순대를 쌈장에 찍어 먹더군요. 서울에서는 소금, 후추, 고춧가루, 깨소금 등을 섞어서 찍어 먹거든요. 또 부산의 간짜장에는 계란 후라이를 얹어 줍니다. 횡재한 느낌이었습니다.

그리고 부산의 목욕탕에는 등을 미는 기계가 있더군요. 처음에는 목욕탕의 등 미는 기계를 보고 저것이 무엇에 쓰는 물건인고? 하며 한참을 관찰했습니다.

둥그런 원판에 연두색 때밀이 수건이 씌워져 있고 스위치를 누르고 그 원판에 등을 대고 있으면 그 원판이 돌아가면서 등을 밀어줍니다. 참 친절한 발상입니다.

어떤 아저씨가 그 기계를 사용하시는데 그 자세가 어찌나 우습던지... 탕 속에 앉아 구경하면서 혼자 몰래 킥킥거렸습니다. 구부정하게 다리를 벌리고 서서는 돌고 있는 원판에 등을 대고 밀려 넘어지지 않으려고 중심을 잡으며 버티고 서있는 모습이 정말 재미있었습니다.

오늘 아침. 새벽 기도를 마치고 목욕탕엘 갔습니다. 이른 아침이라 그런지 아무도 없고 연두색 얼굴의 등미는 기계만 나를 맞아줍니다. 얼른 샤워를 하고는 그 친구 앞으로 다가갔습니다. 스위치를 누르고 등을 맡겨봤지요. 그 친구, 생각보다 힘이 세더군요. 한쪽으로 자꾸 기울어져 넘어지려 합니다. 적당하게 무릎을 굽히고 넘어지지 않게 균형을 잡고 구석구석이 잘 닦이도록 등을 맞춰대는 일이 여간 힘든 게 아니었습니다.

그래도 결국 다 해냈습니다. 저 역시 그때 보았던 그 아저씨의 우스꽝스러운 그 모습으로...나도 이제 부산 사람이 다 된 것 같습니다. 하하하!

# 005

# 목사님, 이러구 다닐 줄 알았어요

지난 주간에 아름답고 위대한 사역의 열매가 있었습니다. 대부분의 사람들이 오지라고 생각하고 있는 삼척에 예스컴 지부가 창립된 것입니다. 지난 여름 예스컴 캠프에서 성령님의 분명한 명령에 따라 집회 시간에 "이번 가을에 삼척에 예스컴 지부를 창립합니다"하고 선포를 했습니다. 그 후 삼척의 참좋은교회 목사님과 예스컴 간사 헬퍼들과 여러 날을 기도하고 준비하여 드디어 "삼척 청소년 선교대회"를 시작으로 예스컴 삼척 지부를 창립하게 되었습니다.

삼척에는 6개의 중, 고등학교가 있습니다. 집회 중 말씀과 기도 후에 학교별로 팻말을 앞에 세우고 우리 학교의 복음화를 위해서 예수 이름으로 헌신할 학생들을 초청했습니다. 그곳에 모인 수백 명의 청소년들 모두가 뛰쳐나와서 눈물로 기도하며 학교 복음화를 위한 헌신자로 결단했습니다. 지금 생각해도 가슴이 뛰는 감격스러운 장면이었습니다. 여섯 개의 학교에 있는 수천 명의 청소년들에게 복음을 전하고 양육하며 학교에서도 예배하는 학교 선교사들을 파송한 것이지요. 주님의 일하심은 치밀하고 풍성하셨습니다. 삼척에 심봉섭 목사님을 보내시고 다음 세대 복음화를 위한 간절함을 품게 하셨습니다. 그곳의 몇몇 목사님들의 협력과 연합도 아름다웠구요. 예스컴 캠프에서 은혜를 받은 삼십여 명의 삼척 청소년들을 씨앗으로 해서 이 귀한 사역이 결실을 맺게 된 것입니다. 춘천의 예스컴 간사와 헬퍼들도 "삼척으로 가자!"는 한 마디에 그야말로 묻지도 따지지도 않고 달려와주었습니다. 재정적인 채우심 또한 기가 막힙니다. 모든 사역 경비에 60만 원 정도가 부족했었는데 삼척으로 가는 날 새벽과 저녁에 두 분의 집사님을 보내셔서 꼭 맞게 채워 주셨습니다. 주님의 일하심을 증명하시려는 듯이 딱딱 채워주십니다. 두려운 마음이 들 정도입니다.

재미있는 일도 있었습니다. 삼척 집회 후 교회문을 나서는데 누가 저를 부릅니다. 20년 만에 만나는 제자 권일한입니다. 지금 삼척초등학교 선생님인데 집회에 참석했다가 놀란 마음으로 내게 찾아온 겁니다. 춘천에서 교사 선교사 양육 사역을 할 때 양육했던 2기 엘더입니다. 졸업 후에 교사 발령을 받고 6학년 전체를 전도해서 학교 졸업여행을 춘천제일교회로 왔던 전설의 인물입니다. 이제 나이 마흔이 넘어 머리는 희어졌지만 그 순수하고 밝은 미소와 진실한 사랑과 복음의 열정은 그대로 남아있는 멋진 기독교사입니다.

문득 나에게 그 특유의 영동 사투리를 섞어서 한마디 합니다. "목사님, 이러구 다니실 줄 알았어요~" 20년 만에 만난 제자의 그 말이 왜 그렇게 기분좋게 들리던지요. "이러구" 다니는 목사를 자랑스러워하는 제자의 진심이 느껴져서 그랬나 봅니다. 그래요. 그리 폼나지 않고 누가 알아주지 않아도 나는 그냥 계속 "이러구" 다닐 겁니다.

# 006
# 참 멋있는 할머니입니다

요즘 '가을 축복 대심방'을 통해서 여러 교우들을 만나고 있습니다. 구역별로 성도들을 모아서 대심방을 할까 하는 생각도 했었지만 조금 시간이 더 걸리고 어렵더라도 교우들의 가정을 한 가정 한 가정 돌아보면서 예배를 드리고 축복하고 교제하는 것이 좋을 것 같아서 그렇게 하고 있습니다. 각양각색의 삶의 방식과 삶의 모습들을 접하고 나누면서 오히려 제 자신이 많이 배우고 있습니다. 때로는 가슴이 먹먹해지는 안타까움과 아리함을 느끼기도 하구요. 어떤 때는 밝고 신나는 기쁨을 누리기도 합니다. 몸은 피곤하지만 시간이 갈수록 심방이라는 것이 참 좋은 사역이라는 것이 확인되어지는 행복한 시간입니다.

지난 주에는 높으신 연세에도 불구하고 폐지를 모아 팔아서 생활하시는 문 집사님 댁을 심방하여 예배를 드렸습니다. 심방 대원들의 무릎이 서로 닿을 정도로 좁은 단칸방 한가운데에 작은 상을 펴놓고 대심방 받을 준비를 하고 계셨습니다.

구부리고 앉은 문 집사님 옆에 사과 하나와 배 한 덩이가 눈에 띄었습니다.

당신을 위해서는 결코 사드시지 않을 귀한 과일입니다. 예배상 위에 감사헌금 봉투가 놓여있습니다. 빈 박스와 신문지, 헌옷가지나 빈 병들을 모아 팔아서 만든 귀한 예물이 분명합니다. 이북에서 피난 내려오셔서 글도 모르고 건강도 좋지 않고 귀도 잘 들리지 않아 신앙 생활하기는 여러가지로 어렵지만 교회에서 드리는 모든 예배는 꼭 참석하시는 귀한 분이십니다.

예배를 마치자마자 기다렸다는 듯이 "목사님 부탁이 있어요" 하십니다. 집사님의 연세가 88세이시고, 다른 곳에 사는 아들이 72세랍니다. "이제 죽을 준비를 해야 하는데 자식들에게 짐이 되는 게 싫어서 목사님께 부탁합니다. 내 초상 좀 치뤄주세요" 하시면서 장례 비용이 한 백만 원이면 되겠냐고 물으셨습니다. 어떻게 하든 백만 원을 모아서 줄테니 당신의 장례를 꼭 좀 부탁한다고 말씀하시는 겁니다.

저에게 처음으로 장례식을 예약하신 분이십니다. 아무 염려마시고 건강하게 오래 사시라고 말씀드리고 돌아왔는데 괜시리 내내 마음이 심란합니다. 혼자 긴긴밤을 지내시면서 얼마나 많은 고민 끝에 하신 부탁일까를 생각하니 애틋한 마음이 들기도 했습니다. 그런데 시간이 갈수록 문 집사님이 정말 멋지고 지혜로운 분이라는 생각이 듭니다. 영혼을 위해서, 육체를 위해서 미래를 잘 준비하며 사는 참지혜로운 분입니다.

"문 집사님, 참 멋있는 할머니입니다!"

# 007
# 참 좋은 부흥회였습니다

모리아교회로 부임하여 처음으로 외부 강사를 초청하여 부흥회를 합니다. 2년 반 만에 하는 부흥회라서 그런지 기대도 크고 긴장도 많이 됩니다. 삼인 삼색 부흥회란 이름으로 최고의 영성과 실력을 갖춘 설교자들을 모셨습니다. 잠실 효성교회를 담임하시며 전도학 박사학위를 받은 김홍양 목사님과 미국에서의 성공적인 목회 경력과 선교학 박사학위를 받은 세계로병원 원목이신 이은성 목사님입니다. 마지막 시간은 담임인 제가 서기로 했습니다.

언제나처럼 강사들과는 어떤 정보도 교감도 갖지 않았습니다. 아무런 선입견도 주지 않고 전적으로 성령님의 일하심에 주목하며 주시는 말씀과 은혜만을 받기 위함이지요.

두 주간의 부흥회를 준비하는 특별 새벽기도회도 했습니다. 매일 새벽 본당을 가득히 메운 교우들의 열정과 믿음에 많은 감사와 기대가 있었습니다. 홍보, 순서, 기도에까지 만반의 준비를 갖췄습니다. 역시 준비된 부흥회는 다르고 역시 준비한 성도들은 달랐습니다. 부흥회 첫시간부터 깊은 은혜와 감동이 느껴졌습니다. 그리고 역시 좋은 강사는 다르다는 것이 느껴졌습니다. 시간 시간마다 가장 적절하고 풍성한 말씀과 성령님의 역사하심이 있었습니다. 우리 성도들도 기쁨의 간증을 나눕니다. 매시간 드려지는 예물과 높은 출석률을 강사들도 칭찬을 합니다. 담임목사로서 늘 마음에 부담이 되는 것이 강사님을 접대하는 일인데 이번에도 귀한 성도님들의 헌신으로 적당하고 풍성하게 채워져서 더욱 감사했습니다.

이런 일도 있었습니다. 첫 집회를 마치고 목양실로 들어오는데 사무실 앞에서 대학부 한 청년이 쭈뼛거리며 다가옵니다. "목사님 이래도 되는건지 모르겠는데... 저도 강사님 식사를 대접하고 싶어서요"하면서 봉투를 내밉니다. 그 아이가 학교를 휴학하고 아르바이트를 하며 생활을 하고 있는 것을 아는 저로서는 그 돈을 받기가 무척 부담스럽고 안타까웠습니다. 아마도 사르밧 과부의 떡을 먹을 때 엘리야의 심정이 이랬을 것 같습니다. 그렇지만 "고맙다. 잘했다" 하고 받았습니다. 5만 원이 들어있었습니다. 시간당 5천원 정도의 아르바이트라면 꼬박 10시간을 일해야 만들 수 있는 돈입니다. 어린 학생으로서는 큰 결단이 아닐 수 없습니다.

새벽 예배를 마치고 강사님과 최소한의 인원만을 모시고 굴국밥집에 가서 맛있게 아침밥을 먹었습니다. 먹는 내내 그 아이의 얼굴이 떠오릅니다. 계산을 다 한 후 나머지 2만 4천 원과 영수증 그리고 진심의 축복을 돌려주려고 봉투에 잘 담아놓았습니다. 생각할수록 그 아이가 고맙고 대견합니다.

# 008

## 얼굴 보여줘서 고마워

지난 월요일이 제 생일이었습니다. 제 생일이 음력이라서 챙기기가 어려운 데... 기억을 하고 성대한 파티를 해주신 모리아의 가족들에게 참 감사합니다. 한국식 떡케이크에 불을 붙이고 생일축하노래를 불러 주실 때는 정말 몸 둘 바를 모르겠더군요. 정말 감사합니다. 제 생일이 여러 소중한 분들에게 기쁨의 날로 기억되도록 열심히 살겠습니다.

저희 가정에는 좋은 전통이 있습니다. 아버님께서 저희가 어렸을 때부터 "자식 생일은 엄마한테 선물하는 거야!" 하시며 생일에 본인이 생일상을 받고 선물을 받는 것이 아니라 부모님께 감사하는 날로 전통을 세워 놓으신 것입니다. 그래서 그것이 습관이 되어, 어른이 된 지금까지도 생일이면 어머니께 감사를 표현합니다.

7년 만에 한국에서 맞는 생일이라 열일 제쳐놓고 서울행 KTX를 타고 어머니를 찾아갔습니다. 반갑게 아들을 맞는 엄마께 선물이라며 "엄마 사랑하고 감사합니다. 큰 아들의 생일을 축하합니다!"라고 적은 봉투를 내밀었습니다.

어머니는 7년 만에 받는 아들의 생일 선물에 감격해 하셨지요. 농담반 진담반으로 "우리 아들~ 효자여~" 하십니다.

저는 "효자들 다 죽으면 그 다음에 효자 할께요~" 하면서 송구한 마음을 어색한 웃음으로 넘겼습니다.

제가 좋아하는 순대국밥을 동생 가족들과 함께 맛나게 먹고는 급하게 부산행 기차에 다시 올라 탔습니다. 그런데 기차역에서 엄마가 나를 배웅하며 하신 말씀이 자꾸 가슴을 아리게 합니다.

나 때문에 투박해진 두 손으로 금새 떠나가는 아들 손을 움켜잡으시면서...

"아들~ 얼굴 보여줘서 고마워~"

# 009

# 참 기분 좋은 밤

지난 월요일에 제 모교인 서울 신학대학교 봉사 동아리 "쏠트"의 모임이 있어서 다녀왔습니다. 20여 년 전에 군대를 제대하고 서울신학대학교에 복학하여 다니던 중 장애우를 위해 봉사하는 동아리를 만들 필요를 느꼈습니다. 그래서 몇몇 친구들과 함께 창립한 동아리가 "쏠트"입니다. 제가 1대, 2대, 3대 회장을 하고 제 아내가 4대 회장을 맡았었지요. 우리가 졸업 후에 여러 동아리가 없어졌는데 감사하게도 "쏠트"는 건재하여 이번에 29대 회장을 뽑았다는군요. 세월이 참 많이도 흘렀습니다.

이번 모임에서 아끼던 후배 목사님을 만났습니다. 자리에 앉자마자 자랑하듯이 "선배님! 저 모리아교회에서 부목사로 사역했었습니다!" 하는 것이었습니다. 약 6년 전까지 우리 교회에서 사역을 하던 강요한 목사입니다. 더 큰 동질감을 느끼며 교회의 이런 저런 이야기를 나눴습니다.

그런데 이야기를 하면서 점점 마음이 밝아지고 기뻐지는 것을 느꼈습니다. 강 목사님의 입에서 나오는 이야기마다 모두가 모리아교회 칭찬과 자랑 일색이었습니다. 제가 알고 있었던 교회의 부정적인 이야기들도 강 목사의 입을 거치며 긍정적인 칭찬의 이야기가 되었습니다. 우리 교회를 가능성이 넘치는 자랑스러운 교회로 인정하고 칭찬해 주는 것이 너무 신나고 힘났습니다.

사실 우리 교회를 거쳐 갔던 몇몇 분들을 만났을 때 불평의 내용들을 듣기도 했었고 제게 개선을 요구하듯이 험담을 하는 것을 듣기도 했었습니다. 그때마다 그 건의를 받아들이기는 하면서도 우리교회에 대한 부정적 평가에 제 기분이 상하기도 했고 말하는 분에 대해서도 곱게 보이지는 않았지요.

그런데 강 목사는 어느 사람. 어느 사건에 대해서도 긍정적으로 풀어서 납득 가능한 이야기로 들려줬습니다. 밥 먹는 것도 미룰 정도로 신바람나게 우리 교회의 미래에 대해서 이야기하고 모리아 교우들의 근황을 전하며 즐거운 시간을 가졌습니다. 모처럼 만난 모임에서 너무 둘이서만 이야기를 해서 다른 멤버들에게 미안할 정도였습니다.

늦은 밤이 되서야 모임을 마치고 밖으로 나왔습니다. 때마침 불어오는 초겨울의 매서운 바람결에 코트깃을 세웠습니다. 모처럼 도심의 밤길을 걸으며 피식피식 웃습니다. 가슴이 뻥 뚫리는 상쾌함에 헛웃음이 나왔습니다.

"참 기분 좋은 밤이었습니다."

# 010
## 오늘 간식은 제가 쏘겠습니다

지난 수요일 새벽, 12월 월삭예배에서 어처구니없는 실수를 저지르고 말 았습니다. 여러 목사님들이 그런 경험이 있었다고 하는데...제 기억으로 저 는 처음인 것 같습니다.

말씀 봉독 후에 성가대 찬양을 해야 하는데, 그냥 설교를 시작하고 말았지 요. 문득 생각이 나서 "오늘은 설교 후에 성가대 찬양을 드립시다" 양해를 구했는데, 설교를 다 마치고는 그 사실을 또 잊어버리고 바로 성찬예식을 시작하고 만 것입니다.

월삭예배를 모두 마치고도 그 사건에 대해서는 전혀 인식하지 못하고 룰루 랄라 목양실로 들어갔습니다. 제 아내와 하영이가 목양실로 들어와서 성가대 찬양을 빼먹었다는 말을 해주었습니다. 그제서야 아차 생각이 났습니다. 후다닥 지휘자를 찾아가서 사과를 했습니다.


"어쩌면 그렇게 까맣게 잊을 수가 있을까?"
"이렇게 나도 늙기 시작하는 건가?"


스스로가 의아하고 한심스럽게 느껴졌습니다. 나름대로 총명하다고 생각도 하고, 치밀하다고 생각도 했었는데... 그것이 모두 착각이었습니다. 바쁜 일정들과 감격의 십자가 제막식에 대한 흥분 그리고 월삭과 성찬 예식에 대한 긴장감 때문이었다고 핑계할 수 있겠지만... 결국은 저의 연약함과 어설픔이 증명된 것이지요. 주께서 섬세하게 보살피시고 일하시지 않으시면 예배 사회조차도 못볼 가련한 존재라는 사실이 다시 한 번 확인되는 순간이었습니다.


암튼, 밤잠 설치며 새벽에 일찍 나와서 연습을 하고도 찬양을 못드린 지휘자와 성가대원들에게 미안합니다. 대신 하나님이 연습 과정을 받으셨기를 기도합니다.


사과하는 의미에서 성가대 연습 시간에 "오늘 간식은 제가 쏘겠습니다!"

# 011
# 천사 갈비탕

어제는 일이 바쁘고 시간을 놓쳐서 어머니께 전화를 못드렸습니다. 전화를 드리자마자 "전화 통화를 못하니께... 궁금해서 한잠도 못 잤다" 하십니다. "못주무실 정도로 궁금하셨으면 엄마가 먼저 전화하면 되잖수?" 했더니 "내 전화비는 아까워서 내가 먼저는 못하지" 하시곤 웃으십니다. 물론 아들 목사 사역에 방해될까봐 조심스러워서 먼저는 전화를 못하시는 것이지요. 한 번 전화를 하면 이 삼십 분은 족히 말씀을 하십니다. 그것도 벌써 몇 번씩 들어서 다 외우는 내용이 대부분입니다. 그러면 안되지만... 어떤 때는 전화를 걸어놓고 듣는 척하며 딴짓을 하기도 합니다.

그런데 오늘은 새로운 내용이 있습니다. 까마귀 이야기를 하십니다. 날도 덥고 밥하기도 싫어서 뭘 먹어야 하나 하고 있는데 까마귀가 날아와서 맛있는 음식을 주고 갔답니다. 밑도 끝도 없는 말에 처음에는 이게 뭔 소린가 했는데, 성경에 굶주린 엘리야 선지자에게 하나님이 까마귀를 보내서 먹을 것을 공급해주신 사건을 이야기하시는 것이었습니다. 알고 보니 동네에 사시는 어떤 분이 갈비탕을 끓여 한 대접 가져다주셔서 맛있게 잘 드셨답니다. 하나님이 이렇게 까마귀를 통해서 갈비탕을 보내주셔서 너무 감사하고 좋다는 말씀이셨습니다.  그런데 듣고 보니 이 더운 날 정성스럽게 갈비탕을 끓여서 대접해주신 분은 졸지에 까마귀가 되어버리고 말았습니다. 아무리 생각해도 이건 좀 예의가 아닌 것 같습니다.

바로 지적질에 들어갑니다. "엄마~ 암만 그래도 그 고마운 분에게 까마귀가 뭐유? 나 같으면 그런 소리 들으면 다음부턴 절대 안갖다 주겠네" 농을 섞어 던지는 아들의 핀잔에 어머니는 "아니, 그 양반이 까마귀라는 게 아니구~ 까마귀가 갖다준 것 같이 갖다줬다는 얘기지~" 하시며 설명을 하십니다.

어머니의 의중을 모르는 것이 아니라, 내가 평소부터 엘리야에게 필요를 공급 하신 까마귀 사건을 삶의 현실 속에서 적용하는 간증을 들을 때마다, 무언가를 정성껏 가져다준 사람은 조금 속상할 수도 있겠다는 생각을 하고 있었던 것이죠. 졸지에 까마귀가 되어버리니까요. 뭐 하나님께 쓰임받는 까마귀인 것에 감사하라면 할 말이 없지만 정작 공급을 받은 자신은 위대한 엘리야로 비춰지니 뭔가 형평이 맞지 않는 느낌은 사실입니다.

구구한 설명에 어머니는 "그럼.. 뭐라구 하면 좋을까?" 되물으십니다. 언뜻 좋은 단어가 떠오릅니다. "엄마. 까마귀보다는 천사가 좋겠어요. 기왕이면 천사가 갖다 줬다고..." 어머니도 기쁘게 수긍하시고 이 까마귀 갈비탕 사건은 "천사 갈비탕"이었던 것으로 감사하게 마무리되었습니다.

# 012
## 싱그러운 행복

작년 11월부터 부산 롯데호텔에 직장선교회가 만들어져서 롯데호텔이 예배의 처소가 되었습니다. 주님을 신실하게 믿는 이동호 대표이사 사장님을 통하여 주께서 직장선교회를 세워주시고 20여 명의 멤버들을 모아 주셨습니다. 세우신 임원들, 회장, 부회장, 총무 모두가 참 신실한 사람들입니다. 만나면 늘 힘이 나고 기분이 좋아지는 분들이죠.

지난 목요일에도 예배를 인도하기위해 롯데호텔엘 갔습니다. 예정보다 조금 일찍 도착하여 아내와 제가 주보를 접고 있는데 김수락 총무가 들어왔습니다. 익숙한 솜씨로 늘 하던 대로 예배를 준비하고 간식을 준비합니다. 참 귀한 수고입니다. 기쁨으로 준비하는 모습이 참 아름답습니다.

그런데 시간이 다 되어가는데도 사람들이 오지를 않습니다. 총무님의 초조한 표정이 안타깝습니다. 예배시간 2분 전이 되서야 회장님과 강원석 형제님이 급하게 들어오십니다. 서순애 자매님은 쑥떡을 만들어 오느라고 좀 늦는답니다. 신우회 회장님이 미안한 듯 오늘 회원들이 예배에 참석하지 못하는 이유를 설명합니다. 오늘 롯데그룹 총회장님의 가족들이 호텔에 방문을 하는 날이라서 직원들이 초비상이 걸렸답니다. 결국 저희 부부와 세 명의 멤버들이 예배를 시작했습니다. 그야말로 "내 이름으로 두세 사람이 모인 곳에 나도 함께 있다"는 성경 말씀이 마음에 위로가 되는 순간입니다. 예배 중간에 서순애 자매님이 떡을 들고 들어옵니다. 한 명이 더 온 것이 큰 힘이 됩니다.

예배를 마치고 차와 쑥떡으로 조촐한 파티가 시작됐습니다. 오늘따라 회장님과 총무님이 너무 미안해하십니다. 아마도 제가 투자하는 시간과 수고에 비해서 예배 참석자가 적었기 때문인가 봅니다. 제게는 예배 참석자의 숫자는 전혀 상관이 없는, 너무나 보람되고 행복한 사역이라고 이야기를 하면서 격려를 했습니다. 격려의 말씀이 아니라 정말 저의 진심입니다.

"몇 명이 예배를 드리는가?"보다 중요한 것은 "그곳에서 예배를 드리는가? 드리지 않는가?"입니다. 롯데호텔이 예배의 처소가 된 것이 감사하고 중요한 것이지요.

직장선교회 예배를 마치고 집으로 돌아오는 시간은 뭔가 큰일을 한 것 같은 뿌듯함과 귀한 일에 쓰임받음에 대한 감사의 마음으로 늘 행복합니다. 아무런 의도와 과시적 목표가 없는 모임, 삶의 현장에서 하나님께 예배하는 것만으로 만족할 수 있는 그런 만남이기에 이런 싱그러운 행복이 가능한 것이겠지요.

"싱그러운 행복? 참 멋진 말 같은데요!"

# 013
## 목사보다 낫습니다!

지난 화요일에 우리 교회에서 부산신학교 홈커밍데이가 있었습니다. 개교 27년 만에 졸업생들과 재학생들이 모여서 동지애를 확인하는 의미있는 행사입니다. 첫 회라서 그런지 관계자들은 더욱 긴장되고 분주해 보였습니다. 저도 잘 도와야겠다는 생각이 들어서 심방 일정을 조정하고 참석해서 이 목사님과 함께 방송실에서 이런 저런 일들을 신경썼습니다. 그런데 방송실에서 행사순서지를 살피며 순서를 숙지하다가 은근히 속이 상했습니다. 교회를 행사 장소로 빌려주고 식사를 준비하며 현수막이나 방송실 업무에 이르기까지 여러 명이 수고하고 봉사를 하고 있는 우리 교회에 대한 감사의 언급이 전혀 없었기 때문입니다.

특히 우리교회 봉사팀은 지난 주일에도 지방회 장로연합회 손님들을 치뤘는데 또 이렇게 많은 손님들을 치르고 있는 것입니다. 부장인 이진희 권사님은 다른 중요한 스케줄을 취소하고 나오셨고, 관리 집사님은 쉬는 날인데도 나오셨으며 다른 집사님들과 권사님들도 각자의 일들을 포기하고 이틀을 수고하며 애쓰고 있는 것입니다.

"광고 시간에는 인사하겠지…"하며 내심 기대 했는데 인사없이 그냥 지나 갑니다. 갑자기 쪼잔해진 제 가슴은 섭섭함을 넘어 화가 치밀어 오릅니다. 교장 목사님을 만나서 "식당에서 식사 시작할 때라도 우리교회 수고하신 분들 께 감사를 표현해 달라"고 정식으로 요구했습니다. 그런데 그럴 분위기가 되 지 않았습니다. 교장 목사님이 가기 전에 사람들이 이미 식사를 시작한 것입 니다. 으이구…정말이지 밥숟갈을 빼앗고 싶었습니다.

우리 권사님들과 집사님들이 얼마나 섭섭하실까. 우리 식구들에게 너무 미안 하여 슬쩍 주방엘 들어가 봤습니다. 그런데…주방 풍경은 제 상상과 전혀 달 랐습니다. 피곤에 지쳐서 얼굴은 하얗게 변했지만 표정은 천사의 얼굴과 같았 습니다. 룰루랄라 신나게 일을 하며 깔깔 웃는 우리교회 봉사팀들을 바라보고 있노라니 그 얼굴의 땀방울이 소중한 보석처럼 느껴졌습니다.

그리고 뭘 하나 하고나면 반드시 인사를 받아야 한다고 생각했던 좁아터진 내 마음이 부끄럽고 죄송했습니다. 송구한 마음으로 주방을 나왔습니다. 마침 앞 에 있는 학생처장 목사님께 주방에 가서 인사 좀 하시라고 말했습니다. 이번 엔 인사를 받고 싶어서 그런 것이 아니라 보여주고 싶었습니다. 우리 식구들 의 순수하고 아름다운 봉사의 모습을 자랑하고 싶었습니다.

"목사보다 나은 권사, 집사님들입니다!"

# 014
## 요리의 완성

지난 토요일 밤 목동모임 야간반을 마치고 집으로 들어갔습니다. 아내가 미국에서 학교를 다니고 있는 아이들을 돌보기 위해서 미국으로 들어간 지 열흘 남짓 되었습니다. 문을 열고 컴컴한 집으로 들어가는 것이 싫어서 불을 하나 켜놓고 나오기도 하는데 그날은 그냥 나갔었나 봅니다. 신발장의 작은 불이 꺼지자 이내 집안이 어두워집니다. 너무 피곤해서 겉옷만 벗어 의자에 걸고 침대에 벌러덩 누웠습니다.

피곤이 몰려와 씻기도 귀찮고 옷을 갈아입기도 싫은데 뱃속에서 꼬르륵거리며 뭘 좀 먹여달랍니다. 그냥 잘까 먹고 잘까를 고민하다가 내일이 주일이라 그냥 자면 안되겠다 싶어서 두 주먹 불끈 쥐고 벌떡 일어섰습니다. 편한 옷으로 갈아입고 냉장고를 뒤졌습니다. 이것저것 먹을 것을 찾다가 에잇 그냥 라면이나 하나 끓여 먹고 자야겠다 싶어서 냉장고 문을 닫으려는데 스테이크용 소고기가 눈에 띄었습니다.

"그래...비록 혼자이지만 고급스럽게 저녁식사를 준비해서 먹어보자."

요리를 시작했습니다. 최선을 다해서 스테이크를 구웠습니다. 드디어 내가 좋아하는 미디움 웰던의 스테이크가 멋지게 완성되었습니다. 큰 접시를 꺼내놓고 양배추를 썰어서 올리고 케첩도 뿌렸습니다. 마늘장과 오이 피클로 장식도 하고 나이프와 포크를 세팅하고 보니 꽤 근사한 스테이크가 됐습니다. 미국의 가족들에게 "혼자서도 잘해요"라고 자랑하려고 사진도 찍어 두었습니다.

드디어 영화에서 보던 것처럼 박수를 한번 탁 치고 두 손을 쓱쓱 비비고는 고기를 한 점 썰어서 입에 넣었습니다. 기가 막히게 잘 구운 스테이크입니다.

그런데 부엌 식탁에서 혼자 스테이크를 먹는 것이 왠지 쓸쓸했습니다. 접시를 들고 안방으로 가서 TV를 켰습니다. TV를 보면서 혼자서 스테이크를 먹는데...혹시 아세요? 입에서는 맛있는데 실제로는 진짜 맛이 없는 거. 우걱우걱 입에다가 밀어넣고는 페이스북에 사진과 함께 이런 글을 올렸습니다.

최고급 소고기로 만든
세상에서 가장 맛없는 슬픈 스테이크
혼자 먹었거든...
기러기 놀이의 비애 ㅠ.ㅠ


"역시 요리의 완성은 사랑하는 사람과 함께 먹는 것입니다."

# 015

# 사랑밝힘 정신혼미증

지난 수요일 대전에서 있었던 복음세대 청소년 수련회에서 말씀을 전하고 부산으로 내려오던 중이었습니다. 우리 모리아교회의 청소년들이 맨 앞자리를 차지하고는 뜨겁게 찬송하고 기도하며 은혜를 사모하던 장면이 떠올라 흐뭇하고 감사한 마음으로 운전을 하며 즐겁게 달리고 있었습니다.

모처럼 혼자만의 장거리 운행이라 그런지 나름의 자유스러움과 재미도 있었습니다. 이중호 목사님의 권유대로 금강휴게소에 내려서 멋진 겨울 풍경을 보며 커피도 한 잔 마시고, 다시 차에 올라 박종호의 찬양을 들으며 한참을 달렸지요.

이제 한 시간 정도만 더 가면 목적지에 도착한다는 네비게이션의 안내를 듣는 순간, 전화벨이 울렸습니다. 미국에서 아내가 전화를 한 것입니다. 그러지 않아도 적적하고 졸리던 차에 아내와 이런 저런 이야기를 하면서 조금 있으면 대구 부산 간 고속도로로 갈아타야 한다는 것을 마음으로 되새기며 통화를 계속 했습니다.

아내가 이제 그만 전화를 끊으려는 듯이 "며칠만 있으면 가니까 힘들어도 조금만 참아요"라더니 "사랑해요. 보고 싶어요"하면서 제 정신을 빼놓더군요. 아내에게 20년 이상 들은 소리인데도 사랑한다는 말만 들으면 정신이 혼미해지고 가슴이 설레는 병적 증상이 있습니다. 이 병이 도졌는지 전화를 끊고도 묘한 미소를 지으며 한참을 그냥 달렸습니다.

그 때, 네비게이션에서 "띠리링 띵똥" 소리가 나서 보니까 아뿔싸! 대구 부산 간 고속도로를 그냥 지나쳐 온 것입니다. 에구구! 당황스럽기도 하고 네비에게 미안하기도 해서 네비게이션의 이것저것을 눌러대다가 보니 남 경산 톨게이트로 내리라 합니다. 이번에는 네비게이션에게 순종해야겠다 싶어서 내렸더니 톨게이트 안내원이 다시 경부 고속도로를 타랍니다. 아~ 왕짜증...

시키는대로 이리 갔다 저리 갔다 우여곡절 끝에 교회에 도착을 했습니다. 대전에서 부산까지 오는데 하나도 안 막히는 평일 낮 시간에 5시간 05분이 걸리는 신기록을 세웠습니다. "사랑밝힘 정신혼미증"이 그 신기록의 원인이었습니다.

# 016

## 아무튼, 찾았습니다!

"어디 갔지? 어디 있지?"

이틀을 꼬박 찾고 있었습니다. 지난 10년 동안의 자료들이 몽땅 들어 있는 USB를 아무리 찾아도 없습니다. 정말 제게는 너무 소중하고 앞으로의 제 목회에 꼭 필요한 자료들인데...

교회 사무실과 제 방을 구석구석 뒤졌습니다. 아무리 찾아도 없습니다. 집의 안방, 건넌방 책상 서랍과 장롱 속까지 샅샅이 뒤졌습니다. 없습니다. 휴가를 떠난 이중호 목사님께 메일을 보내 물어보기도 했습니다. 모른답니다. 이한구 목사님도 걱정을 해줍니다. 미국에 있는 아내에게도 전화를 해서 물어 봤습니다. 있을 만한 곳을 이야기해줘서 이 잡듯이 찾아 봤습니다만... 없습니다.

정말 큰일입니다. 짜증도 나고 걱정도 되고 늘 한쪽 머리에서는 잃어버린 USB 생각이 맴돌았습니다. 차라리 돈을 잃어버렸다면 이렇지 않았을 것입니다. 정말 큰일입니다.

그런데 갑자기 10여 년 전에 춘천에서 목회할 때 일이 생각났습니다. 지갑을 잃어버리고 고민하고 있을 때 김래향 이라는 제자가 "그런데요, 목사님. 혹시 지갑을 찾게 해달라고 기도해 보셨어요?"하는 말을 듣고는 기도를 한 후에 곧장 지갑을 찾았던 것이 생각났습니다.

침대맡에 무릎을 꿇고 순박한 어린 아이처럼 기도를 했습니다.

"하나님, 그건 제게 정말 꼭 필요한 것입니다. 제발 꼭 좀 찾게 해주세요. 누군가가 가지고 있다면 돌려줄 수 있도록 해주세요."

기도를 했으니 또 찾아봐야겠지요. 다시 한 번 있을 만한 곳들을 뒤졌습니다. 그런데 이게 웬일입니까? 안방 화장대 두 번째 서랍 화장품 박스 위에 검은색 USB가 눈에 들어왔습니다. 마치 꾸며낸 이야기처럼 쉽게 찾았습니다. 분명히 여러 번 그 서랍을 열어서 찾아 봤습니다. 그런데 그때는 안보이던 것이 기도 후에는 보였습니다.

어린아이를 가르치듯이 어리숙한 목사에게 기도를 가르치시는 하나님의 자상한 훈련이 감사하면서도 부끄러웠습니다.

"아무튼, 찾았습니다!"

# 017

# 재창이의 오병이어

지난 주 중에는 부천 서북장로교회에서 말씀을 전하고 왔습니다. 20여 년을 한 지역에서 영혼 구원을 위해서 사명을 감당하고 있는 작은 교회입니다. 젊은 담임목사님이 새로 부임하셔서 하는 첫 부흥회였습니다.

저를 만나자 마자 담임목사님은 "처음 하는 부흥회라서 어떻게 해야 하는지 잘 모르고 모든 준비가 어설픕니다. 강사님이 하라시는 대로 하겠습니다"하며 걱정어린 마음을 전하시더군요. 저는 담임목사님을 위로할 요량으로 "식사나 숙소나 모든 것에 아무 신경도 쓰지 마세요. 제가 알아서 하고 집회 시간에만 나타나서 말씀 전하고 가겠습니다"하며 마음을 편하게 해드렸습니다.

정말 서로 간에 편하게 지내면서 부흥회를 인도했습니다. 집회 때마다 약 30여 명 정도가 모인 작은 잔치였습니다. 한 사람 한 사람 얼굴 표정을 읽으며 설교하기가 사실은 더 부담스럽기도 했지만 시간마다 잔잔하게 베푸시는 하나님의 은혜에 감사와 행복이 넘쳤습니다.

둘째 날 설교를 하는데 설교용 마이크가 계속 지지직거리며 속을 썩였습니다. 시원찮은 마이크를 비닐테이프로 둘둘 감아서 사용하고 있었는데 사실 가끔 전기가 오르기도 했었습니다. 누가 마이크 좀 바꿔주었으면 좋겠다는 생각이 문득 들어서, 지나가는 말로 "목사님을 사랑하는 것은 설교 편하게 하시도록 마이크 시설을 잘 해드리는 겁니다"라고 했습니다.

예배 때마다 맨 앞 줄에 항상 남자 중학생 둘이 앉아 있었습니다. 가끔씩 장난도 치고 고개를 숙이며 지루해 하기도 했지만 늘 그 자리를 지키는 기특한 아이들이었습니다. 그 중 한 아이의 이름이 재창이랍니다. 그 교회 안수집사님 아들인데 설교때 딴 짓을 하면 이름을 부르며 설교 내용을 질문하기도 했었습니다. 설교를 안들은건지 부끄러움을 많이 타서 그런건지 대답은 잘못하더군요.

그런데 그 재창이가 자기 적금을 깨서 마이크 헌금을 드렸답니다. 누군가는 알아듣겠지 했는데... 그 아이가 알아들은 것입니다. 그놈 참 신통합니다. 오병이어를 드린 소년이 생각났습니다.

이제 곧 기적이 일어나겠지요?

# 018
# 일주일 된 김치찌개

우리 어머니의 절약 정신은 단연 세계 최고입니다. 언젠가 구멍이 나서 못 신게 된 양말들을 쓰레기통에 버린 적이 있었는데 어머니가 그것들을 다시 다 꺼내어 깨끗이 빨아서 건조대에 널어놓으셨더랬습니다. 도대체 그것을 어디에 쓰시려고 빨아놓으셨을까요?

어머니께서 이번에 내려오셨기에 제 궁금증을 풀기 위해서 "엄마, 그때 다 찢어진 양말을 어디에 쓰시려고 빨아서 널어 놓으셨어요?"하고 여쭸습니다. 어머니의 대답은 의외로 간단했습니다. "냅둬. 언젠가는 다 쓸 데가 있으니까"하십니다. 지금은 쓸 데가 없지만 미래를 위해서 저축해놓으셨다는 겁니다. 역시 울 엄마답습니다.

어머니께서 함께 계신 며칠은 제가 빨래를 안해도 되었고, 집안도 깨끗했고 밥도 잘 챙겨먹었습니다. 지난 토요일에는 문득 돼지고기 김치찌개가 먹고 싶어서 부탁을 드렸지요. 어머니는 흔쾌히 실력을 발휘하셨습니다.

둘이서 배부르게 먹고도 찌개가 반 이상이 남았습니다. 자식을 위해서는 늘 과하게 준비하시는 어머니. 어쩔 수 없이 다음 날도 얼렸던 찌개를 녹여 먹고, 그 다음 날도 사명감을 가지고 먹어 치웠건만 그래도 한 숟가락 정도가 남았습니다.

화요일에 느닷없이 어머니가 가방을 챙기십니다. 수요일에 있을 서울시 무상급식 투표를 하기 위해 가시겠답니다. 어머니 고집을 꺾을 수 없음을 알기에 부산역에 모셔다 드렸습니다. 그런데 목요일 아침 냉장고 문을 열어 보고는 다시 한 번 어머니의 절약 정신에 놀랐습니다.

얼렸다 녹였다를 반복했던 토요일의 김치찌개 남은 한 숟가락을 작은 그릇에 담아 냉장고에 넣어 놓으셨던 겁니다. 설마 그걸 못버리고 다시 보관하실거라고는 생각도 못했습니다. 분명히 못먹을 걸 아셨음에도 당신의 손으로 음식을 버리는 것이 죄스러우셨던 겁니다. 묘한 느낌에 피식 웃음이 났습니다. 나도 그 놈을 못 버리고 다시 냉장고에 넣어 두었습니다.

어머니의 못버리는 성품이 참 다행이라는 생각을 했습니다. 어머니의 그 성품 덕에 못된 나를 끝까지 못버리고 지금까지 키우시는 것은 아닐까 하는 마음이 들었기 때문입니다. 그나저나 고민입니다.

"일주일 된 김치찌개 먹어도 괜찮을까요?"

# 019
# 별 방법을 다 쓰십니다

금요일 새벽이었습니다. 4시 7분으로 맞춰놓은 핸드폰의 알람이 울립니다. 그런데 도저히 눈이 떠지지 않습니다. 5분 후에 다시 울리도록 시간을 맞추고는 또 잠이 듭니다. 다시 알람이 울립니다. 다시 5분 후로 맞추고 잠이 듭니다. 또 알람이 울립니다. 몇 번을 그러고도 영 정신이 차려지지를 않았습니다.

엊저녁 롯데 직장선교회 예배 후 다과 시간에 무심코 마신 진한 커피 한잔이 이렇게 큰 효과를 발휘할 줄 몰랐습니다. 신우회 총무는 커피를 타놓고도 잠이 안올 수도 있다면서 마시지 않던데 나는 절제를 못하고 마셔버렸습니다. 세차게 쏟아지는 빗소리와 아내가 없는 허전함에 밤새 뒤척인 것입니다. 4시 32분이 되니 또 알람이 울립니다. 이제 더 이상 지체할 수가 없습니다. 대충 씻고 나가기에도 시간이 촉박합니다. 겨우 일어나서 침대 맡에 고개를 푹 수그리고 앉아 있었습니다. 그리고 또 졸고 있었던 겁니다. 내가 보기에도 안타깝고 가련한 그림입니다. 생각으로는 정신 차려야지 하는데 정신은 몽롱합니다. 반쯤 잠이 든 채로 겨우 일어서려는데 정신이 번쩍 드는 깜짝 놀랄 일이 생겼습니다. 이 일이 믿길는지는 모르겠지만 갑자기 안방의 TV가 퍽 하고 켜졌습니다. 정말입니다. 아무것도 건드리지 않았습니다. 안방에는 나 혼자밖에 없었습니다. 리모컨은 어디에 있는지도 모릅니다. 그렇다고 시간 예약을 해놓은 것도 아닙니다. 아니 저는 그런 걸 할 줄도 모릅니다. 그런데 TV가 혼자서 켜지고 새벽 4시 33분 TV 동물농장이라는 프로가 재방송으로 방영되고 있었습니다. 그야말로 귀신이 곡할 노릇입니다.

"이게 뭔 일이랴~" 하면서 덤덤하게 침대에서 일어났습니다. 이게 왜 켜졌을까를 생각하느라고 잠이 이미 싹 달아났습니다. 날씨가 궂어서 민감한 센서가 작동을 했을까? 아니면 나도 모르는 사이에 리모컨에 자동으로 켜지는 버튼이 눌려져 있었나? 그런 기능이 있기는 한건가? 이런저런 생각을 하면서 화장실로 갔습니다. 아직도 TV가 왜 그 시간에 저절로 켜졌는지는 모르겠습니다.

암튼 저는 정신이 번쩍 나서 잘 씻고 잘 차려입고 새벽예배와 새벽 양육반까지 잘 마쳤습니다. 정신을 차리고 나니 몸도 마음도 거뜬합니다. 새벽 강단에 무릎을 꿇고 앉아있노라니 피식 웃음이 났습니다. TV가 그 시간에 저절로 켜진 원인은 모르겠지만 그 이유는 알 것 같아서 입니다. 그 시간에 TV가 안 켜졌으면 아마도 새벽예배를 늦었든지 정신이 몽롱한 채로 예배를 드리고 하루를 시작했을 겁니다.

"하나님은 저를 위해서 정말 별 방법을 다 쓰십니다."

# 020
# 무지함이 자만함이더군요

아이들의 여름학기를 돕고 몇 가지 일들을 보기 위해서 미국을 방문했던 아내가 어제 돌아왔습니다. 한 달 이상을 혼자 살면서 아내의 소중함을 절실하게 느끼던 차라 그 반가움이 표현하기 어려울 정도로 큽니다. 비행기 스케줄을 바꿔서 예상보다 좀 일찍 돌아오는 아내가 고맙기도 했고요. 친정 식구들이나 아이들과 있는 것도 좋았겠지만 혼자 있는 남편을 위해서 일찍 돌아오는 것이 왠지 인정받고 사랑받는 것 같은 우쭐한 마음이 들기도 합니다. 사실은 불쌍해서 그랬겠지만요.

아내가 돌아오기 전날 열심히 집안 청소를 했습니다. 바닥도 닦고, 설거지도 깔끔하게 해놓고 빨래도 해서 잘 정리해놨습니다. 아내에게 칭찬을 듣고 싶은 중년 남자의 애틋한 몸부림입니다. 청소를 마치고 샤워를 하면서 저절로 노래가 나옵니다. 청소 후에 느끼는 성취감과 칭찬 들을 만한 일을 해놓은 기대감에 기분이 좋습니다. 아내가 돌아왔습니다. 무거운 짐가방을 끌고 집으로 들어서니 군대에서 점호를 하는 당직사관의 포스로 집안을 스캔합니다. "생각보다 깔끔하네.. 바닥도 깨끗하고..." 합니다. 나의 수고와 기대에 비해서 평가가 영 신통치 않습니다. 마음 속으로 "칫.. 자기가 살림 할 때보다 더 깨끗하니까 민망한 모양이군" 하며 아내의 인색한 칭찬에 대해 소심한 복수를 하고는 오랜만에 함께 식사를 했습니다. 미국에 있으면서 먹고 싶었다는 자장면을 시켜먹고는 가져온 짐을 정리하는 것을 보고 저는 교회로 왔습니다.

수요예배를 마치고 집에 들어가보니 집안이 난리가 아닙니다. 온통 옷이며 밥그릇이며 신발까지 다 끄집어내서 이사가는 집 같습니다. 오랜 비행과 시차 때문에 피곤할 텐데 좀 쉬지 이게 뭔 일이냐는 질문에 "지내면서 이상한 냄새 안 났어요?"합니다. 문 여는 곳마다 곰팡이에 기름때가 껴서 도저히 그냥 있을 수가 없답니다. "그럴 리가 있나 내가 얼마나 살림을 잘하고 살았었는데…" 하며 끄집어낸 물건들을 보는 순간 아차 싶었습니다. 그랬습니다. 저는 한 달 넘도록 현관문, 방문, 옷장 문, 화장실문, 그리고 가끔 세탁기 문을 여는 것밖에는 없었거든요. 집안에는 그 외에도 여러가지 문이 있더군요. 다른 가족들의 옷장, 싱크대와 수납장, 신발장, 창고, 아이들 방, 심지어 냉장고와 책장 안에까지 각종 게으름의 때와 곰팡이들이 점령하고 있었던 것입니다. 에구… 이래놓고도 과도한 칭찬을 기대했던 내가 부끄러웠습니다. 겉만 번지르하고 바닥만 깔끔하면 청소를 다한 것인줄 알았습니다. 그저 밥해먹고 빨래하면 집안 살림 다한 것인줄 알았습니다. 그런데 아니었습니다. 살림의 세계는 신비하고 경이로운 종합예술이었습니다. 앞으로 삼 일 동안은 집안의 정상화를 위해서 대청소를 해야 하니 최선을 다해서 도우라시는 대장님의 명령에 겸허히 순응하며 잘 알지도 못하고 설친 것에 대해 깊이 반성합니다. "무지가 자만의 원인"이었습니다. 그리고 이 땅의 주부님들을 진심으로 존경합니다.

# 021
## 이상한 사람입니다

지난 화요일에 대전에서 젊은 목사님들의 모임이 있었습니다. 성결교단의 10년 후를 준비하자는 취지에서 35개 교회의 50대 초반 목사님들이 모임을 갖기 시작한 것입니다.

"어게인 성결운동"이라는 이름으로 부정적 의미의 정치색을 배제하고 가장 성경적이고 성결교회다운 정책들과 사역의 방향들을 모색하기 위한 미래 준비 모임입니다. 건강하고 아름다운 모임이라는 판단이 되어 기꺼이 대전으로 향했습니다. 새벽예배를 마치고 출발을 하는데 아내가 선뜻 따라나서 줍니다. 지난 주말에 미국에서 돌아와서 여독도 풀리지 않았고 시차 적응도 안됐을텐데 운전도 교대로 하고 말동무라도 하겠다고 함께 해주는 아내가 고맙습니다.

모처럼 아내와 단둘이 고속도로를 달립니다. 속이 뻥 뚫립니다. 평안함과 즐거움이 가슴가득 차오르는 기분 좋은 느낌입니다. 눈부시게 파란 하늘과 신선한 가을 바람이 들러리를 섭니다. 분위기에 맞춰서 흘러간 팝송을 틀었습니다. 정확한 가사는 모르지만 귀에 익은 멜로디를 따라 대충 흥얼거리며 커피 한 모금을 삼킵니다. 진짜 기분 짱입니다. 이렇게 편하고 여유롭고 재미난 기분이 얼마 만인지 모르겠습니다. 아무리 가깝고 친한 사람도 자동차라는 공간에 단둘이 몇 시간을 있으면 신경이 쓰이고 약간은 부담스러운 것이 당연한 것인데 이 사람만은 그렇지 않습니다. 언제 어디서든 같이 있으면 더 편해지는 이상한 사람입니다.

아내가 급하게 해결해야 할 일들 때문에 미국에 가있는 3주 동안에 허물없이 지내는 사람들로부터 "사모님이 안계시니 힘드시겠어요"보다 "혼자 계시니까 편하시죠?" 하는 말을 더 많이 들었습니다. 심지어는 혼자만의 시간을 축하한다는 말까지 들었습니다. 물론 농담으로 하신 말들이고 나 역시도 맞장구를 치면서 웃어 넘겼지요. 그런데 아내 없이 며칠을 지내면서 중요한 깨달음을 얻었습니다. 밥도 잘 먹고 잠도 잘 자고 일도 열심히 했지만 뭘 해도 늘 한 구석이 휑한 공백이 느껴졌습니다. 그리고 더 이상한 증상은 피로가 풀리지 않는다는 겁니다. 참 웃깁니다. 늙어가는 증상인지 사랑 때문인지는 모르겠습니다. 아무튼 그랬습니다. 그런데 아내가 돌아온 불과 며칠 만에 이 모든 증상들이 흔적도 없이 사라졌습니다. 밟고 흔들어 채운 듯 마음 속이 꽉 찬 느낌입니다. 요즘은 덜먹고 덜 자도 피로감이 싹 가십니다. 에너지 충만입니다. 이래서 하나님은 아내를 주시면서 돕는 배필이라고 말씀하셨던 모양입니다.

운전을 하고 가면서 서로의 대화가 주춤해질 때쯤 슬며시 아내의 손을 잡았습니다. 아내는 "정신 차리고 운전이나 열심히 하셔~"하면서도 잡은 손 위로 한 손을 더 포개어 줍니다.

# 022

# 참 잘하셨습니다!

지난 수요일에 한 자매님이 목양실을 찾아오셨습니다. 가벼운 인사를 하고는 쑥스러운 듯이 가방을 열어서 검은 비닐봉지를 꺼냅니다. 뭔가 싶어서 멀뚱히 바라보다가 "떡 싸오셨어요?"하고 농을 던졌습니다. 자매님은 "네. 맛있는 떡 싸왔어요"하며 검은 비닐봉지 속에서 고무줄로 묶은 회색 봉투 하나를 꺼내더니 내 앞에 내밀었습니다. 그것은 굉장히 두툼한 돈 봉투였습니다. 그리 넉넉하게 사시는 분이 아닌데 저리 두툼한 돈 봉투를 무슨 일로 가져오신 것일까를 생각합니다. 자매님은 "목사님. 저의 추수감사 헌금이예요"하십니다. 그리고 열려진 봉투 속에는 다행히도 천 원짜리 지폐가 세 다발 들어 있었습니다.

자매님은 "목사님. 작년에 목사님 말씀을 듣고 주님의 음성으로 믿고 일 년 동안 장사를 하면서 하루에 천 원씩 떼어 모은 거예요"하시며 부끄러운 듯 돈뭉치들을 제 앞으로 밀어 놓으셨습니다.

생각이 납니다. 작년 추수감사주일에 제가 말씀을 전하면서 하루에 천 원씩이라도 추수감사를 위해서 감사를 모아드리는 것이 좋겠다고 설교를 했습니다. 그때 그 말씀을 기억하고는 정말 일 년을 꼬박 모아서 가져오신 겁니다. 그 순종과 그 사랑과 그 정성이 감격스러워서 가슴이 뭉클합니다. 아름다운 추수감사헌금을 두 손으로 움켜잡고는 간절하게 자매님을 축복했습니다. 자매님이 집으로 돌아가신 후에도 감동의 여운이 가시지를 않습니다. 마음 속 깊은 곳에서부터 기분 좋은 느낌이 잔잔하게 솟아오릅니다.

전한 말씀의 열매가 있는 것도 감사하고 기분 좋은 일이지만 어렵게 장사를 하면서 매일매일 추수감사 주일을 바라보며 감사헌금을 떼어서 모으시는 자매님의 모습을 상상하면서 더 큰 기쁨이 느껴집니다. 분명히 모아진 헌금과는 비교할 수도 없을 정도로 큰 기쁨과 감사를 얻었을 것입니다. 하루 장사를 마무리하면서 천 원을 떼었는지 첫 개시를 한 돈에서 천 원을 모았는지는 모르지만 그것을 기억하고 떼어드리는 그 순간이 감사의 제사를 드리는 행복한 예배의 시간이었을 것입니다. 장사가 잘 되든 안 되든 기쁜 일이 있든 슬픈 일이 있든 즐겁거나 아프거나 자매님의 삶은 매일 매일이 감사로 드려진 예배의 삶이었음이 확실합니다.

그리고 매일 매일 아무도 모르게 천 원씩을 떼어서 추수감사헌금을 모으면서 얼마나 통쾌하고 뿌듯하고 재미있었을까를 생각하며 부러운 생각이 들기도 했습니다. 기쁨과 감사의 마음으로 칭찬합니다. 참 잘하셨습니다!

# 023

# 엄마의 대상포진 치료법

서울에 계시는 어머니께서 몸이 편찮으십니다. 전화통화를 할 때마다 여기저기 아픈 곳을 말씀하시는데 그 어휘력이 대단합니다. "허리가 으르르하고 다리가 찌릿찌릿 한 것이 걸음을 못걷겠고 엉치뼈 한쪽은 피부껍데기가 쓰르쓰르 쓸리면서 바늘로 콕콕 찌르는 것 같다"고 고통을 호소하십니다. "뜨끈한 핫팩을 이리저리 대면서 잠은 자다 말다 하고 근육이 굳는 것 같아서 한참을 주물러야 좀 풀린다. 엄청 아프다"하시며 안하시던 투정도 하십니다. 가슴이 답답하고 송구한 마음으로 "허리에 문제가 있나봐요. 얼른 병원에 가보세요. 선미랑 얘기 했으니까 같이 다녀오세요"했습니다.

하지만 엄마는 이내 스스로 진단을 다 마치고 진료 방법까지 결정을 다해 놓고 자신있게 말씀하십니다. "아녀~ 이거 대상포진이여. 틀림없어. 그 때 아팠던 거랑 똑같어. 병원 가서 대상포진 약 타서 먹고 아픈 데다 파스도 바르고 뜨근하게 지지구 며칠 쉬면 날껴~ "확신에 찬 엄마의 진단과 처방에 웃음도 나고 짜증도 납니다.

오후에 또 전화를 드리니 동생이 도착도 하기 전에 벌써 병원을 다녀오셨답니다. 자랑스럽게 이야기 하십니다. " 한 병원을 가서 대상포진 약을 달랬더니 의사가 대상포진이 아니라고 약을 안준디야~ 그래서 다른 병원으로 가서 대상포진이 틀림없다고 내가 아파봐서 안다고 달라고 버텼더니 그 의사는 그럴 수도 있다고 약을 주더라고~ 그래서 먹었더니 좀 나아~" 좀 나으시다니 다행이라며 전화를 끊었습니다.

다음 날 막내 동생이 전화를 했습니다. 엄마를 입원시켰답니다. 대상포진이 아니고 허리에 디스크가 파열되고 흘러서 신경을 누르는 바람에 그렇게 아프셨던 거랍니다. 주일예배를 마치고 급하게 서울로 가서 엄마가 입원해계시는 병실로 들어섰습니다. 멀쩡하게 앉아서 다른 환자들과 이야기하시며 반갑게 맞이하십니다. 그러면서도 말로는 "바쁜데 뭐하러 왔어, 다 나았는디~"하시더군요. 그말이 끝나기도 전에 옆에 계시던 환자분들이 "부산에 계시는 목사님 아들이신가요? 미국에서 오셨다면서요?"하십니다. 벌써 우리 집안 신상 털기 끝내신 상태더군요. 이제 병원에서도 간호하는 아들이 아니라 목사로 불편하게 지내야 됩니다. 의사를 만났습니다. 간단한 시술로 통증이 사라졌다고 며칠 지켜보고 재발이 없으면 퇴원해도 된답니다.

"좀 일찍 병원으로 오셨으면 고생을 덜하셨을텐데..."하십니다. "안아프니께 살것다. 참 신기하데~ 허리를 뭘로 긁는 거 같더니 잠깐 만에 이렇게 안 아프네"하십니다. 괜한 안쓰러움에 엄마를 흘겨보면서 "요즘은 대상포진을 그렇게 치료한데요" 하고는 피식 웃었습니다.

# 024
## 부산에는 모리아교회가 있습니다!

지난 주일 2부예배를 시작하려는데 오른쪽 앞 자리에 30대 후반 쯤으로 보이는 자매들 여섯 명이 앉아있었습니다. 못보던 분들이라서 누구일까를 생각하다가 아마도 부산에 다니러온 타지의 성도들이거나 요즘 선거를 앞두고 찾아 온 국회의원 선거운동원들일 수도 있다는 생각을 했습니다.

예배를 마치고 인사를 하기 위해서 자매들에게 다가갔습니다. 가운데 있던 자매님이 반갑게 인사를 하는데 어디선가 분명히 만난 적이 있었던 낯익은 얼굴이었습니다. 그러나 인사를 하면서 아무리 생각을 짜내도 알 수가없었습니다. 나의 치명적인 안면인식장애가 발동을 한 것이지요.

하는 수 없이 미안하지만 분명히 보던 얼굴인데 누구신지 모르겠다며 신분확인을 요구했지요. 자매님은 밝게 웃으며 "목사님, 몇 달 전에 부흥회오셨던 서울 동일교회 집사예요"합니다. 아차차 그때 인사도 나누고 이야기도 했었는데 까맣게 잊은 겁니다. 서울에 살던 친구가 해운대쪽으로 이사를 와서 그 친구 집에 방문했다가 친구들과 함께 우리 교회에서 예배를 드리고 싶어서 방문을 했다는 겁니다.

못알아 본 것이 미안해서 "다음에는 꼭 기억할께요"하고는 보내드렸습니다. 그렇게 주일이 지나고 월요일 오후에 집으로 전화가 왔습니다. 어제 인사드렸던 장경욱 집사라고 인사를 하고는 서울에 잘 도착했는데 목사님께 꼭 보고드릴 일이 있어서 주보에 있는 전화번호를 보고 전화를 한답니다.

주일에 왔던 여섯 명의 친구들은 늘 친하게 지내는 오랜 단짝들인데 사실은 본인만 교회를 다니고 다른 친구들은 신앙이 없었답니다. 그런데 지난번 부흥회 때 친구들을 초대해서 세 명이 예수님을 믿게 되었고 한 명은 시댁이 불교라서 신앙 생활을 잘 못하고 한 명은 어제 처음으로 모리아교회에 친구들을 따라서 나온 것이었다는 군요. 결국 처음으로 여섯 명 친구가 모두 함께 예배를 드렸답니다. 그리고 해운대 친구 집으로 가서는 놀라운 일이 생겼답니다. 서로 간에 예배를 통해서 받은 은혜를 나누며 이야기를 하는 중에 성령께서 임하셔서 교회를 처음 나온 친구가 주님을 영접하고 여섯 명 모두가 눈물을 흘리며 함께 기도하고 신앙과 사명을 결단하는 놀라운 역사가 있었답니다.

떨리는 목소리로 기쁜 소식을 전하는 장 집사님의 은혜의 간증을 들으며 저도 가슴이 뭉클하고 눈가가 뻣뻣해짐을 느꼈습니다. 장 집사님의 오랜 기도가 부산 모리아 교회를 통해서 이루어졌다고 연신 고맙다는 인사를 합니다. 그리곤 역시 성령께서 역사하시는 교회는 다르다고 가슴 벅찬 고백을 합니다.

"부산에는 모리아교회가 있습니다!"

# 025

## 원래 우린 한 가족이잖아요!

지난 주부터 사업장 축복 심방을 시작했습니다. 사랑하는 성도들의 일터를 다니며 하나님의 복 주심을 간구하고 사업과 생활의 정황을 보며 기도의 제목들을 얻기도 하며 참 즐겁고 행복하게 사업장을 돌고 있습니다. 5분 정도의 짧은 시간이지만 깊은 정과 신뢰를 느끼게 하는 삶의 현장 속에서의 아름다운 만남입니다.

선반이라는 쇠깍는 기계가 돌아가는 이 집사님의 사업장도 가보았고, 우집사님의 예쁜 그릇가게에도, 골목 안의 편한 쉼터인 양 권사님의 간이카페에도 가보았습니다. 세탁소, 가방가게, 건물 철거 사무실, 공부방, 슈퍼마켓, 미장원, 식당, 책방, 병원, 공장, 기계 판매업체, 크레인 바지선, 대리점 등등 사랑하는 모리아 가족들의 땀 냄새가 배어나는 귀한 일터들을 방문하고 있습니다. 정말 힘이 나고 신이 납니다.

지난 주에는 전기주 집사님의 사업장을 방문했었습니다. 여든이 넘으신 연세에도 청년 같은 열정으로 일을 하고 계시는 분입니다. 전 집사님은 안타깝게 중도실명하신 분들의 의안을 제작하는 귀한 일을 하십니다.

좁은 계단을 올라 평안 콘텍트 의안 사무실 문을 열었습니다. 전 집사님이 빛바랜 하얀 가운을 입고 밝은 표정으로 우리를 맞이해주십니다. 소박한 사무실 한 켠에는 의안을 만드는 여러 기구들이 있었고, 의안에 대한 정보들을 적어 놓은 자료들도 보였습니다.

예배를 드리고 일어서려는데 제 아내가 저를 툭 치면서 창문 쪽을 가리킵니다. 창문 옆에 작은 액자들이 여러 개 놓여있었습니다. 집사님 가족들의 사진입니다. 외롭게 지내시면서 사진들을 보며 위안을 삼고 그리움을 달래기도 하시는 쉼의 공간이기도 하고 더 큰 그리움이 묻어나는 아픔의 공간이기도 하겠지요.

그런데 그 중간에 낯익은 사진 한 장이 작은 액자에 담겨 놓여있었습니다. 우리 교회 요람에 있는 담임목사 가족사진이었습니다. 요람에 있는 사진을 오려서 정성스레 액자에 넣어 집사님의 가족사진들 사이에 놓으신 것입니다. 처음입니다. 당신의 가족사진들 속에 목사의 가족사진을 걸어놓은 걸 본 적은... 가슴이 먹먹해집니다. 그리고 이런 생각이 들었습니다.

"원래 우린 한 가족이잖아요!"

# 026

# 목사보다 나은 어린이

언제나처럼 지난 주일에도 3부예배를 마친 후에 몸이 아픈 성도들과 문제를 해결받기 원하는 성도들을 위해 치유 기도를 하고 있었습니다. 몇 명의 환우들을 위한 안수를 마치고 돌아서려는데 윤 장로님의 둘째딸 경화 자매와 함께 유치부의 수아가 서서 기다리고 있었습니다.

수아의 왼쪽 눈 밑에 자그맣게 다래끼가 났는지 발갛게 부어올라 있었습니다. 저를 보고는 다래끼가 낫도록 안수 기도를 해달랍니다. 다래끼 때문에 안수 기도를 해보기는 처음입니다.

사랑스러운 수아가 눈이 아픈 것이 안쓰럽기도 하고 혹시 곪기라도 하면 더 힘들 것 같아서 간절한 마음으로 손을 얹고 기도를 했습니다. "덧나거나 곪지 않고 말끔하게 낫도록 해 주시옵소서."

그런데 수아에게 안수 기도를 마치고 제 방으로 들어가려는데 자꾸 마음이 쓰였습니다.

"혹시 더 부어오르고 곪아서 눈이 더 아파지면 어떡하지...어린 마음에 기도를 받아도 더 아프기만 하다는 불신의 마음이 들텐데..."

믿음 없는 한심한 목사의 염려였지요.

다음 날 아침에 일어나 보니 수아의 눈이 정말 말끔하게 나았답니다. 제 엄마가 "우리 수아 다래끼가 다 나았네!" 하니까 수아의 첫마디가 "어제 목사님이 기도해주셔서 다 나은거야!" 하더랍니다. 수아 엄마가 그 말에 감동해서 저에게 간증을 합니다. 얼마나 대견할까요.

그러나 저는 슬쩍 스친 그날의 염려가 생각이 나서 몹시 부끄러웠습니다. 기도를 하고도 염려를 하는 한심한 목사의 기도때문에 수아의 눈이 나은 것이 아니라 진심으로 기도의 능력을 믿고 기도한 어린 수아의 믿음이 하나님의 마음을 감동시킨 것이 확실합니다. 이런 믿음의 성도가 우리 모리아 가족이라는 것이 자랑스럽습니다. 그리고 부끄러운 마음으로 또 고백합니다.

"목사보다 나은 유치부 어린이입니다!"

# 027
## 알고 보니 엄청 부자

지난 월요일 오후에 아내와 COSTCO라는 대형 마트엘 갔었습니다. 미국에서 생활할 때 늘 장을 보러 가던 곳이라 묘한 향수도 느낄 수 있었고 미국의 매장과 신기할 정도로 구조는 물론이고 물건의 배치나 시스템이 매우 똑같아서 재미있었습니다. 미국의 매장과 다른 것이 있다면 한국 사람들이 엄청 많다는 거였죠.

이곳 저곳을 둘러보면서 미국의 물건 값과 비교도 해보고 시식 코너에서 공짜 간식도 먹어보고 이런 저런 이야기도 하며 즐거운 시간을 보냈습니다.

그런데 가전 제품 코너에도 가보고 식료품 코너에도 가보고 의류 코너나 생활용품, 가구, 과일 코너 등 구석 구석을 돌아봤지만 별로 살 것이 없었습니다. 물건이 없어서가 아니라 저와 아내에게 절실하게 필요한 것이 별로 없었습니다.

우리 집에는 이미 TV도 있고, 냉장고도 있고, 빵도 있고, 쌀도 있고, 휴지도 있고, 옷도 있고, 과일도 있었습니다. 그야말로 없는 것 없이 다 있었습니다. 결국 집에서 쓸 면도기 하나와 바나나 한 뭉치를 사들고 왔습니다. 집에서부터 30분을 운전하고 와서 커다란 카트를 끌고 다니다가 고작 바나나와 면도기 하나를 사가지고 나오기가 조금 민망하기도 하고 우습기도 했습니다.

그런데 집으로 돌아오면서 가슴 한 켠에서 감사한 마음이 솟아올랐습니다. 뭔가 늘 부족했었던 것 같고, 무엇인가 사야 할 것이나 필요한 것이 많을 것 같아서 대형마트에까지 갔는데 정작 제게는 부족한 것이나 필요한 것이 별로 없었던 겁니다. 저는 제가 느끼고 있는 것보다 훨씬 많은 것들을 가지고 있는 풍요로운 사람이었던거죠. 늘 뭔가가 부족한 것으로 생각했지만 실상은 모든 것을 다 가진 사람이라는 것을 깨달았습니다. 그리고 죄송한 마음을 담아 하나님께 다시 한 번 깊은 감사를 드렸습니다.

늘 빠듯하고 부족한 것 같아서 긴장했었는데...

"알고 보니 엄청 부자더라구요~"

# 028
# 평범한 일상의 감사

지난 월요일은 모처럼 휴일다운 쉼의 시간을 보냈습니다. 지난 몇 주간 이런저런 일들로 버거울 정도로 분주하고 혼란스러운 시간들이었지요. 모든 일들이 정리되면서 약 두 달 만에 갖는 달콤한 휴식이었습니다. 참 오랜만에 아무 일도 없는 날입니다. 일상의 평범함이 얼마나 감사한 것인지를 다시 한 번 깨닫게 하는 덤덤하고 행복한 월요일이었습니다.

마침 지난 번에 롯데 직장선교회에서 선물했던 영화초대권이 있어서 영화를 보러 갔습니다. 요즘 인기가 있다는 프랑스 영화, 언터처블을 봤습니다. 하루 24시간 내내 돌봐주는 손길이 없으면 아무 것도 할 수 없는 전신불구의 상위 1% 백만장자 필립과 가진 것이라곤 건강한 신체가 전부인 무일푼 전과자 드리스와의 훈훈한 우정을 그린 영화였습니다.

꾸밈없고 진솔한 모습으로 필립을 간병하는 드리스의 유쾌한 성격과 재치가 영화의 재미를 더했습니다. 특별한 반전도 없고 자극적인 사건도 없는 그저 덤덤하고 평범한 영화였습니다. 그런데 영화를 보는 내내 입가에 미소를 머금게 하는 영화입니다. 사람을 참 행복하게 만드는 영화입니다.

드리스는 고용된 간병인임에도 불구하고 필립의 장애를 전혀 특별하게 여기지를 않습니다. 필립의 전신 장애를 있는 그대로 받아들입니다. 장난도 치고 때론 놀려 먹기도 합니다. 아부도 하지 않고 가식도 없이 덤덤하게 친구로 대하는 드리스의 태도가 오히려 필립의 마음을 사로잡습니다. 그리고 관객들의 마음에도 잔잔한 감동을 줍니다. 이거다! 싶은 감동의 알갱이는 없습니다. 그냥 실체없이 잔잔하게 마음 속에 배어드는 진짜 감동이 있습니다.

자극적인 쾌락에 익숙해진 사람들이 보기에는 참 재미없고 밋밋한 영화일 수도 있지만 이런 덤덤하고 밋밋한 영화가 많아졌으면 좋겠습니다. 세상이 너무 빠르고 너무 편리하고 너무 자극적인 것에 휘둘리고 있습니다. 심지어 교회와 가정마저도 파격적이고 자극적인 프로그램들로 인해서 행복의 본질을 빼앗기고 있는 현실입니다. 조금만 더 천천히 갔으면 좋겠습니다. 평범하고 덤덤한 일상의 아름다움과 훈훈함을 감사하는 여유를 갖고 살았으면 좋겠습니다.

영화가 끝났습니다. 사람들이 바쁘게 휙휙 지나가는 사이로 아내의 손을 잡고 천천히 걸어서 극장을 나왔습니다. 급하게 걷다보면 가득 찬 감동이 쏟아져 버릴 것 같아서요.

# 029
## 보물찾기

지난 금요일, 집회를 모두 마치고 강단에서 기도를 하고 있었습니다. 예배당 안에 울려 퍼지는 찬양 소리와 성도들의 기도 소리들 사이로 나지막하게 "목사님~ 목사님~"하고 부르는 소리가 들렸습니다.

슬며시 고개를 들어보니 피아노 옆쪽에서 한 집사님이 손짓을 하며 저를 부르고 계셨습니다. 일흔이 훌쩍 넘으신 할머니 집사님이신데 늘 기도로 사시는 분이죠.

웬일이신가 싶어서 일어서서 그분께로 다가갔습니다. 한 손으로 내 손을 잡으시고는 주먹쥔 손을 펴서 내 손에 뭔가를 쥐어주시는 것이었습니다. 귓속말에 가까운 소리로 "목사님~ 이따가 야식이라도 사잡솨..."하셨습니다. 손을 펴보니 여러 번 접은 만 원짜리 두 장입니다. 손에 오랫동안 쥐고 계셨었는지 단단히 접혀있습니다.

집사님은 "너무 쬐끔이여~ 피곤할텐데 꼭 야식 사잡솨..."하시며 천천히 자리로 돌아 들어가셨습니다.

가슴이 뭉클했습니다. 어릴 적에 시골 외할머니 댁에 갔다가 방학이 끝나 집으로 돌아올 때면 외할머니께서 치마를 걷어올리시고는 속바지 안주머니에서 쌈짓돈을 꺼내주시곤 했었는데 그 쌈짓돈 받을 때의 느낌이었습니다.

기도를 마치고 내 방으로 돌아와서 꼬깃꼬깃한 이만 원을 보물지도 펴듯 펼쳤습니다. 고마운 마음도 들었지만 왠지 죄송한 마음이 더 컸습니다. 내가 돈이 더 많을 것 같은데... 집사님이 더 피곤하실 것 같은데... 집사님이 맛난 것 더 드셔야 하는데...

송구한 마음에 이만 원을 펴서 책상에 올려놓고 물끄러미 바라봤습니다. 접히고 구겨졌던 자국들 사이로 반짝이고 있는 보물들이 보이기 시작했습니다. 저는 혼자서 보물찾기를 시작했습니다. 할머니 집사님의 따뜻한 사랑을 제일 먼저 찾았습니다. 목사를 향한 기대도 느껴지구요, 따뜻한 정, 감사, 희망, 헌신, 기쁨... 등등의 찬란한 보물들이 그 쌈짓돈 속에 가득했습니다. 보물 같은 그 돈 가지고 야식 먹으러 못가겠더라구요.

가장 가치 있게 쓰고 싶어서 책상 속에 소중히 넣어 두었습니다. 배부르게 야식을 먹은 것보다 더 기운이 나는 아름다운 밤이었습니다.

# 030
# 기적

동생의 오른쪽 다리가 갑자기 힘이 없고 저려서 병원을 다니며 2년 동안 치료를 했음에도 별 차도가 없었습니다. 허리 수술을 하기 위해 병원을 갔는데 뇌에 문제가 있어서 그렇다는 진단을 받았습니다. MRI 결과, 뇌 중앙에 어린아이 주먹 만한 종양과 세 개의 작은 종양이 발견되었습니다. 청천벽력 같은 소식이었습니다. 그렇게 하나님 앞에서 신실하고 착하게 살았던 동생에게 이런 일이 생기는 것이 이해가 되지 않았습니다. 필리핀에서 가족들이 모두 한국으로 들어왔고 지난 화요일에 뇌수술을 받았습니다. 동생은 수술을 위해 삭발을 했습니다. 중학교 이후 35년 만에 동생의 빡빡 머리를 문지르면서 농담하고 장난치며 사진도 찍었지만 가슴 속에서는 두려움과 안타까움에 눈물이 흐르고 있었습니다.

수술 전 주치의와의 면담이 있었습니다. 의사는 최악의 상황만을 이야기합니다. 종양 자체가 너무 크고 돌처럼 딱딱해서 제거하기가 어렵고 게다가 위치가 깊고 좋지 않아서 종양을 다 제거하지 못할지도 모르겠답니다. 시신경 장애. 혹은 운동신경 마비, 언어장애 등 치명적인 후유증들을 덤덤하게 알려줍니다. 심지어 사망 가능성까지 이야기합니다. 가슴이 뻐근하게 아파옵니다. 아버지가 편찮으실 때와는 또 다른 진한 아리함이었습니다.

15시간의 수술이 시작되었습니다. 온 가족들이 수술실 앞에서 이렇게 저렇게 떠들기도 하고 분위기를 밝게 해보려고 노력했지만 누구도 초조함을 가릴 수는 없었습니다. 열흘 같은 열두 시간이 흐른 후, 의사가 나옵니다. "수술은 잘 됐고요, 종양은 다 제거했습니다"

그 한 마디에 감사 감사를 연발하며 속히 나오기를 기대합니다. 봉합 수술을 위해 세 시간을 더 기다린 후에야 수술실을 나와서 중환자실로 옮겨졌습니다. 별의별 방정맞은 생각이 다 납니다. 믿음 없음을 탄식하며 마음을 다잡아 봅니다. 가족들 세 명만 중환자실에서 환자를 만날 수 있답니다. 목사라고 날더러 들어가서 기도를 하랍니다. 정말 떨리는 마음으로 상룡이 앞에 섰습니다. 얼굴이 퉁퉁 부은 상태에서 산소호흡기를 꽂고 군데군데 핏자국이 남아 있는 모습으로 의식없이 누워있습니다. 순간 또 여러 가지 못된 생각이 스쳐갑니다. 이름을 부르니 마취도 채 깨지 않은 상태에서 눈을 뜹니다. "살아 있구나..." 하는 안도감에 감사하며 간절히 기도를 드렸습니다. "치유의 주님, 후유증도 없고 의사들이 놀랄 정도로 빨리 회복되게 해주세요" 중환자실에 며칠 있어야 할거라던 예상과 달리 하루 만에 일반병실로 옮겼습니다. 밥도 먹습니다. 말도 잘 합니다. 손발도 잘 움직입니다. 심지어 농담도 합니다.

부산으로 와서 어젯밤 통화를 했습니다. "상룡아 고맙다" 진심으로 말을 건넸습니다. "형... 내가 부실해서 미안해요"합니다. 흐르는 눈물을 주체 할 수가 없었습니다. 기적입니다.

# 031
# 마니또 게임

몇 개월 전부터 임혜선, 윤주미 자매가 운영하는 실용음악학원의 일터 예배를 인도하고 있습니다. 한 달에 한 번 드리는 예배이지만 일터가 예배의 처소가 되는 의미있고 은혜로운 예배의 시간입니다. 일터에서 예배를 드리고 싶다는 제자들의 고운 마음이 대견하기도 하고 고맙기도 해서 매달 찾아가서 예배를 인도합니다.

지난 화요일에 대연동의 학원으로 가는 길입니다. 계속적인 사역 스케줄과 버거운 일정으로 피곤한 느낌이 드는 아침입니다. 마침 서대신동 커브길 옆에 커피집이 있어서 차를 대고 커피를 한 잔 샀습니다. 생각보다 시간이 많이 걸려서 11시 예배 시간을 맞추기가 아슬아슬 할 것 같습니다. 시간을 어기는 게 정말 싫은데 걱정입니다.

차선에 진입하기 위해서 깜빡이 신호를 넣고 한참을 기다려도 차 들이 계속 밀고 들어옵니다. 겨우 차를 들이밀듯이 해서 겨우 끼어들었습니다. 이제 한 차선을 더 옮겨야 합니다. 어떻게 또 끼어들어야 하나 걱정스럽습니다. 그런데 바로 뒷차가 넉넉하게 양보를 합니다. 어라? 부산에도 이런 여유 있는 운전자가 계시네요? 참 천사 같은 사람입니다. 아내와 함께 웃으며 감사 신호를 보내고 몇 미터를 갔는데 카톡이 울립니다. 주미입니다. 아마도 오늘 예배 때문인가 보다 했는데... "목사님! 저 고맙죠?" 합니다. 아내를 통해서 "너야 늘 고맙지만 오늘은 뭐가 고맙다는 거니?" 답장을 했습니다. "궁금하시면... ㅎ" 하기에 "궁금하면 500원?" 농을 던지고는 학원으로 갔습니다. 넉넉하게 양보해 준 천사 같은 운전자 덕에 약속 시간 2분 전에 학원에 도착했습니다.

도착하자마자 주미에게 오늘 뭐가 고맙다는 거냐고 물었습니다. 주미는 "모르셨어요? 아까 서대신동에서 제가 목사님 차에 양보해드렸잖아요" 합니다. 그땐 고마웠지만 금방 잊어버렸는데 아까 넉넉하게 양보해 준 그 천사 같은 사람이 주미였답니다. 확실하지는 않았지만 꼭 목사님 차 같아서 양보를 했답니다. 정말 고마웠다고 인사를 하고 감사하고 은혜로운 예배를 드렸습니다. 천사와 함께 예배를 드린 겁니다.

제가 양육반이나 설교 시간에 "사람은 하나님 은혜로, 다른 사람 덕으로 사는 것이다"라는 말을 자주 인용하는데 오늘 그 말의 의미를 다시 한 번 짜릿하게 경험했습니다. 내 자신은 전혀 인식 못하는 순간에도 세상의 수많은 천사 같은 사람들이 나를 돕고 있다는 것에 감사했습니다. 특히 나를 잘 아는 사람이 나도 모르게 돕는 마니또 게임과 같은 천사의 도움은 더 신나고 힘나는 경험이지요. "쭈미 천사님 땡큐~"

# 032

# 선생님이 계셔서 참 좋습니다

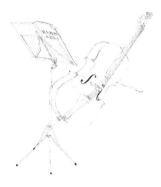

지난 주 중에 모리아 가정 부흥회가 있었습니다. 강사로 오신 김종환 목사님은 저의 대학 은사이십니다. 저의 사역과 생활과 성품에 가장 많은 영향을 끼치신 스승이시죠. 스승의 날이 되면 찾아뵙거나 인사를 드릴 수 있는 선생님이 계시다는 것이 제게는 큰 기쁨이고 감사입니다.

대학을 다니며 신앙과 삶의 정체성 문제로 고민을 할 때에 말씀으로 명쾌하게 해답을 주시던 훌륭한 목사이시며, 사회사업가로, 심리상담학자로, 잘 가르치는 신실한 선생님으로 늘 저의 기반과 배경이 되어주셨습니다. 대학 생활의 첫 문을 열어 주시고 약혼식 주례로 제 가정의 시작을 선언해주셨고 첫 사역지도 선생님이 보내주셨습니다. 지금도 늘 저의 생활과 사역과 앞날을 지도하시며 도와주시는 분이십니다. 그 선생님이 제가 사역하는 모리아 강단에서 말씀을 전하셨습니다.

선생님 내외분과 함께 지내던 삼 일이라는 시간이 참으로 감사하고 행복했습니다. 송도 바닷가가 그 옛날 대학 캠퍼스 같다는 느낌을 받았고 예배당이 대학 교실같은 느낌도 들었습니다.

이번 집회는 저와 아내가 더 큰 은혜를 받고 힘을 얻는 시간이었습니다. 설교 시간에는 물론이고 차로 모시고 다니면서 숙소의 방 안에서도, 식사를 나누면서도 많은 가르침을 받았습니다. 그야말로 특별 강의를 받은 거지요. 뭐 하나라도 더 가르치고 나누려 하시는 선생님과의 시간이 저와 제 아내에게 기쁨과 감사로 다가왔습니다. 선생님과 사모님의 말투와 표정과 손짓 하나도 가르침이며 행복이었습니다.

악기를 연주하기 전에 연주자들이 악기의 음을 잡는 것을 튜닝이라 하지요. 잦은 연주로, 오랜 연주로 악기의 줄이 풀리거나 음이 달라지면 튜닝을 해야 합니다. 선생님과의 삼 일이 많이 풀리고 흐트러졌던 저의 사역과 가치관과 성품과 삶의 전 영역이 조율되는 기쁨이 있었습니다. 더 맑고 명쾌한 소리로 살아가겠습니다.

"나의 선생님이 계셔서 참 좋습니다!"

# 033

# 제가 이 말을 듣고 싶었나 봅니다

지난 주간에는 부평지역 군부대 교회 연합성회를 인도하고 왔습니다. 17 사단 충성교회, 61사단 상승교회, 3군수 지원 사령부의 삼마주안교회의 군목 목사님들의 수고로 만들어낸 작품이었습니다. 군 복무를 하신 분들은 아시겠지만 사실 군부대의 종교 행사를 위해서 다른 사단과 사령부가 병력을 이동하고 모으는 것은 상상조차 하기 힘든 일입니다.

그런데 이번에 이 지역의 군목 목사님들이 기도와 지혜로 불가능한 일들을 가능하게 만들었습니다. 게다가 사단장님들이 기독교인도 아니었는데 말이죠. 얼마나 어렵게 이루어진 집회라는 것을 잘 알기에 더욱 긴장되고 부담스러운 사역이었습니다.

첫날부터 입술이 부르트고 집회 시간 외에는 숙소에서 꼼짝을 하지 않을 정도로 긴장하며 사역에 임했습니다. 군인 가족들과 장교들과 직업 군인들 그리고 사병들이 모두 모인 자리이기에 설교의 타점을 잡기도 어렵고 방향과 분위기를 결정하기가 몹시 힘든 집회였습니다.

모처럼 하는 군인 집회라 그런지 첫날 저녁 집회를 마치고도 자신감과 평강보다는 결과에 대한 염려로 마음이 심란했습니다. 일반 교회와는 많이 다른 군부대 교회의 분위기 때문인지 마음이 왠지 묵직했습니다.

집회 후 다과를 나누는 자리에서도 겉으로는 웃었지만 초조하게 군목과 교인들의 눈치를 보고 있었습니다. 그런데 61사단 군목 사모님이 지쳐있는 제게 뜬금없이 한마디 하시더군요.

"저를 위한 부흥회였어요. 목사님! 큰 은혜를 받았습니다. 그리고 군인들도 졸지 않고 설교를 들을 수도 있다는 것을 처음 알게 되었어요."

그런데 그 한마디 말에 안심과 위로와 평강이 밀려왔습니다. 아마도 그 말이 제가 듣고 싶었던 말이었나봅니다. 듣고 싶은 말을 들은 이후부터 기적이 일어났습니다. 기분이 확 풀리면서 마음 속 깊은 곳에서부터 생수의 강이 흘러넘치고 기쁨과 능력이 솟아올랐습니다.

그 다음 날부터는 자신있고 능력있게 말씀을 전하고 집회를 인도했습니다. 어설픈 목사를 다룰 줄 아는 군목 사모님의 지혜로운 말 한마디가 집회를 성공으로 이끌어준 것입니다.

# 034
# 홍길동 같은 울 엄마

지난 금요일 오후에 갑자기 어머니 생각이 나서 전화를 드렸습니다. "어디세요?"하고 묻는 질문에 쿡쿡 웃으시면서 "나 지금 부산 가는 중이여~ 한시간 있으면 도착햐~"하시는 겁니다. 아무 연락도 없이 무작정 기차를 타고 부산으로 내려오시는 겁니다. 신경 쓰고 준비할까봐 그냥 기차 타고 오셔서 전철 타고 집으로 오실 생각이셨답니다.

마침 부산역 근처에 전도사님이 계셔서 교회로 어머니를 모시고 오셨습니다. 반갑게 내 손을 잡으시더니 "어버이 날이라 내가 직접 카네이션 받으러 왔다"하시며 어버이날이 주일이라서 바쁜 아들이 서울까지 오려면 힘들까봐 수금하러 오셨답니다. 한바탕 웃으며 농담도 하고 밀린 이야기들을 나눴습니다. 암튼, 엄마를 보니 참 좋습니다.

어머니와 함께 토요일, 주일을 행복하고 즐겁게 잘 보내고 주일 밤이 되었습니다. 하영이가 준비한 어버이날 선물을 입어보고 써보고 하다가 밤늦게 잠자리에 들었습니다.

"엄마! 내일 점심에 맛있는 것 먹으러 갑시다"하고 약속을 한 후 잠자리에 들었지요. 그런데 다음 날 아침, 집안이 허전하고 조용해서 살펴보니 어머니가 보이지 않습니다. 아내의 말이 "아마 등산이나 목욕탕 가셨을 거예요"합니다. 그러나 직감이 이상합니다. "엄마 가방은?" 역시 가방이 없었습니다.

어머니께 전화를 걸었습니다. "엄마 어디세요?"하며 다급하게 물었더니 어머니는 또 쿡쿡쿡 웃으십니다. "나 지금 여기 부산역여~ 피곤하게 자는데 잠 깰까봐 살금살금 나왔어~" 병원 예약도 있고 약속도 있어서 가셔야 한답니다. 머리가 뭐에 부딪힌 것처럼 띵~ 합니다. 아니, 그래도 그렇지 말도 없이 도망가듯이 가시는게 어디 있느냐고 따지듯이 쏘아댔습니다. 그러나 어머닌 여전히 웃으시며 걱정 말고 좀더 쉬라 하십니다.

정말 환장하겠습니다. 하루종일 마음이 심란하고 허전하더군요. 아침부터 덜거럭거리면 잠깰까봐 아침도 못드시고 가셨답니다. 차비도 용돈도 못드렸는데… 이제 좀 받으시고 누리셔도 되는데 엄마는 늘 자식을 위해서 돕기만 하고 희생해야만 되는 걸로 아십니다. 배려도 지나치면 병이 된다는 것을 모르십니다. 항상 저러십니다.

속이 푹~ 상해서 점심에 라면 하나 끓여먹고 또 잤습니다.

# 035

# 우리 하나님은 참 자상한 아빠

저는 양치질을 할 때 글리스터라는 가글 원액을 치약과 함께 섞어서 쓰는 버릇이 있습니다. 입 안이 훨씬 개운한 느낌이 들거든요. 목욕탕을 갈 때도 꼭 챙겨 갑니다. 그런데 며칠 전부터 목욕 가방 안에 있었던 가글 원액이 아무리 찾아도 없습니다.

곰곰이 생각을 해보니 지난 주에 목욕탕에 갔다가 파우더 테이블에 놓고 온 것 같았습니다. 지난 주에는 시간이 없어서 늘 다니던 곳이 아닌 가까운 목욕탕엘 갔었습니다. 시간이 촉박해서 바쁘게 씻고는 그냥 놓고 온 것입니다. 일부러 다시 그 목욕탕엘 갔습니다. 혹시 주인이 챙겨놨으면 찾을 수도 있겠다 싶어서 큰 기대는 안하고 확인이라도 하려고 갔습니다.

목욕비를 내면서 관리하는 아저씨에게 "저 혹시... 지난 주에 파란색 작은 병 하나를 놓고 갔는데 혹시 보셨나요 ?" 하고 여쭤보았습니다. 그 아저씨는 잠시 머뭇거리더니 "아니요. 못 봤어요!" 하고 단호하게 말씀하시더군요. 그런데 그분의 얼굴이 붉어지고 눈빛이 흔들리는 것이 느껴졌습니다.

뭔가 감추는 것 같다는 이상한 느낌을 갖고 계단을 오르며 습관적으로 기도를 했습니다.

"주님 가능하다면 찾았으면 좋겠습니다. 혹시 저 분이 가지고 있으면 마음을 돌려서 제게 돌려줄 수 있도록 해주세요."

탈의를 하고 있는데 그분이 따라 올라왔습니다. 파우더 테이블의 서랍을 열더니 "손님! 이거 맞나요?" 하면서 제가 그토록 찾던 그리스터 가글 원액통을 내밀었습니다. 그분이 어색하실까봐 더 반갑게 연신 고맙다고 인사를 하면서 받았습니다. 그 분도 어색함을 떨치기 위해서인지 잘 챙겨가지고 다니라는 충고도 잊지 않으셨습니다.

양치질을 하면서 피식 피식 웃음이 났습니다. 다시 찾은 것도 좋고, 입 안이 개운 한 것도 좋고, 그 아저씨가 마음을 돌린 것도 감사했지만 진짜 기분 좋은 것은 하나님이 별난 기도도 다 들어 주신다는 생각에 자꾸 웃음이 났습니다.

"우리 하나님은 참 자상한 아빠이십니다!"

# 036
## 튜닝했습니다

철없던 어린 시절에 방황하고 아파하던 나를 늘 옆에서 지지하고 도와주며 신앙과 삶의 의미들을 가르치고 이끌어주던 한 형님이 있었습니다. 지금 서대문장로교회의 담임목사인 장봉생 목사님입니다. 예전에 아버님이 목회하시던 서울의 성산교회의 교육전도사이셨는데 우리 집에서 함께 생활하면서 그리스도인의 삶의 모범을 보여 주며 저에겐 항상 부러운 존재로서 있었던 기억이 납니다.

그 때는 쳐다보기도 어려운 전도사님이었는데 나이가 들어서 계산을 해보니 저와 세 살밖에 차이가 안나는 형이었습니다. 제게는 워낙 커보이는 분이었기에 지금도 직접 "형님"이라고 부르지도 못하고 남들에게 소개할 때에만 제 형이라고 자랑을 하곤 합니다. 겨우 사모님께만 형수님이라고 부르지요.

그런 형님이 지난 목요일에 부산엘 오셨습니다. 장로교 부산노회 교사강습회 강사로 초량교회에 오신 겁니다. 롯데호텔 직장선교회 예배를 마치고 늦게 초량교회에 도착했습니다. 아내와 함께 맨 뒷자리에 앉아서 형님의 설교를 10분정도 들었습니다. 역시 질투나는 설교자입니다. 어쩌면 그렇게 은혜롭고 재밌게 설교를 잘 하는지 자랑스럽기도 하고 부럽기도 하더군요. 예배를 마치고 늘 보던 사람처럼 덤덤하게 인사를 나누고 부산역으로 모시고 갔습니다. 기차 시간까지 20분 정도 남아서 차 한 잔을 나누며 일상 얘기들을 주고받았지요. 사실 별 얘기 안했습니다. 같이 있는 것만으로 그냥 좋고 자랑스러웠지요. 그리고 그 맘을 들킬까봐 더 얌전하게 있었던 것 같기도 합니다.

시간이 되어서 기차 승강장 엘리베이터 앞까지 배웅을 하고는 아내와 함께 주차장으로 향했습니다. 둘이 걸어 나오면서 아무 말도 하지 않았습니다. 차를 타고 집으로 오면서도 할 말이 없습니다. 제 마음 속에 왠지 모를 촉촉함이 그득합니다. 그 시절에 대한 그리움인지 형을 만난 반가움인지 형을 보낸 아쉬움인지 모를 묘한 것들이 밤안개처럼 가슴을 빽빽하게 채웁니다.

집에 도착 할 즈음에 안개가 걷히면서 한 줄기 빛이 선명하게 비칩니다. 그 시절 형님의 도움과 가르침으로 신학교에 입학을 하고 설레던 그 느낌과 비슷합니다. 형을 만나면 늘 내 사역과 삶을 추스르게 되고 뭔가를 각오하게 됩니다. 마치 흐트러진 악기의 음을 조율하는 것과 같은 그런 느낌입니다. 오늘 형님을 약 40분 봤습니다. 그리고 25분 정도 이야기했고 특별한 말이나 사건도 없었습니다. 그런데 그냥 형을 만났다는 것만으로도 위로가 되고 힘이 되고 도전이 됩니다. 그야말로 튜닝이 됩니다. 참 이상합니다. 그리고 참 좋습니다. 나도 이런 사람이 됐으면 더 좋겠습니다.

# 037

## 아이들 과자로 바꿔놔야겠습니다

지난 수요일 예배 후에 청소년 사역 계획을 위해서 1기 양육반 멤버들이 잠깐 제 방에 모였었습니다. 잠시 후에 구역장 성경공부가 있어서 급하게 관광고등학교 학생들 전도 전략에 대해서 의논하고 있었는데...

반쯤 열린 제 방의 문 틈으로 유치부 어린 아이 하나가 방 안을 들여다 보고 있었습니다. 그 아이는 우유 빛깔 피부에 파마 머리가 잘 어울리는 꽃미남 요한이였습니다. 이내 문을 살짝 열고는 허리를 픽 숙인 채로 살금살금 들어오는 것이었습니다. 마치 만화 영화 톰과 제리에서 나오는 장면 같았지요. 저는 연신 바쁘게 이야기를 하고 있는데 청년들은 요한이의 귀여운 행동에 입에 미소를 지으면서 그 아이를 힐끔힐끔 쳐다보고 있었습니다.

요한이는 목표 지점인 쇼파 테이블 위 과자 상자까지 도착해서는 살며시 뚜껑을 열고 과자 하나를 집어 들고는 다시 허리를 구부려 조심 조심 나갔습니다. 그리곤 문 앞에 도착하자 갑자기 허리를 펴고는 "목사님! 고맙습니다!" 큰소리로 외치고는 피융— 사라져 버렸습니다. 정말이지 귀여워서 미치는 줄 알았습니다.

가끔 저녁 예배를 마치면 제 방 앞, 유아방에서 놀던 아이들을 불러서 손님 접대용 과자를 집어주고 어항의 물고기를 보여 주며 함께 놀곤 했었는데... 요한이가 제 방 앞을 지나가다가 그게 기억났던 모양입니다.

목사님 방 앞을 지나가던 아이가 스스럼없이 목사님 방 안으로 들어갈 수 있다는 것이 얼마나 기분좋은 일인지요. 이 다음에 이 아이가 커서도 목사는 무섭거나 불편한 사람이 아니라 과자를 나눠 주고 함께 놀아 주는, 좋은 사람이라는 생각을 갖게 될테니까요.

지금도 그때 과자를 들고 방긋 웃으며 감사하다고 인사하던 요한이의 모습만 떠올리면 기분이 좋아지고 피로가 풀립니다. 조만간 제 방에 있는 손님 접대용 과자를 아이들이 좋아 하는 과자들로 바꿔놔야겠습니다.

# 038

# 충성! 보고드립니다

지난 주간에 홍천성결교회 부흥회를 다녀왔습니다. 70여 명 출석의 작은 교회에서 현재 담임목사님이 부임하신 후 300명의 교회로 급성장한 건강한 교회입니다. 성전도 홍천의 신개발지에 멋지게 건축을 했습니다. 성령께서 주인되신 성장하는 교회의 신실하고 아름다운 섬김과 간증 거리들이 보석처럼 빛나는 교회입니다. 부흥회 기간 내내 성도들의 최선을 다하는 모습이 참 아름다웠습니다.

셋째 날 저녁 예배는 춘천 예스컴의 간사, 헬퍼들이 홍천까지 와서 특별찬송을 했습니다. 예스컴의 대표 목사가 와서 말씀을 전한다고 시간들을 내서 찾아와 함께 하는 제자들이 참 고마웠습니다. 사역의 면류관과 같은 보람과 감사와 감동을 느꼈습니다. 청소년 복음화를 위해서 젊음을 헌신하는 예스컴의 간사, 헬퍼들의 은혜로운 찬양 뒤에 역삼각형 인구구조와 복음화율 저하로 고통당하고 있는 한국 교회의 현실을 전했습니다. 그리고 이러한 교회의 흉년기를 극복할 방법으로 학교복음화운동을 소개했습니다. 홍천의 초, 중, 고등학교의 영적 흐름을 바꾸고 다음 세대의 부흥을 위한 "인근학교 영적 입양사역"의 필요성과 능력에 관하여 힘있게 전했습니다. 설교 전에 함께 한국교회와 다음 세대의 복음화를 위한 합심기도를 드렸습니다. 성령님의 강력한 임재와 일하심이 느껴집니다. 뜨거운 심정으로 온 교회가 절박한 위기의 한국교회 회복을 위한 다음세대 사역에 매진할 것을 결단했습니다.

설교를 마치고 의자에 앉았는데 담임목사님께서 강단에 서시더니 강력하고 분명한 말씀으로 선포를 하십니다. "이번 부흥회에 박상철 목사님을 강사로 청하도록 하신 하나님의 분명한 목적을 깨달았습니다. 홍천의 6개 중, 고등학교를 우리 교회에서 영적 입양해서 책임지겠습니다. 내일 밤 헌금은 6개 학교 영적 입양사역을 위해 사용하겠습니다" 하시고는 다시 한 번 뜨거운 기도 시간을 가졌습니다. 정말 가슴이 터질 것 같은 감동의 시간이었습니다.

다음 날 인근학교 영적 입양사역을 위한 헌금들이 강단에 올라왔습니다. 평소의 세 배 이상 되는 헌금이 드려지고 홍천성결교회가 홍천의 다음 세대 복음화를 책임지는 강력한 교회로 세워지는 귀하고 복된 순간이었습니다.

낮시간에는 춘천과 원주의 선후배 제자 목사님들을 만나서 다음 세대 사역에 관하여 설명하고 기도하며 계획들을 세웠습니다. 홍천은 물론이고 춘천에도, 원주에도 인근학교 영적 입양사역을 위해 헌신할 교회와 목사님들이 세워졌습니다. 엄청난 복음의 수확을 안고 행복하게 부산으로 돌아왔습니다. 정말 신바람나는 한 주간이었습니다.

# 039

# 이 맛에 기도하는 건가 봅니다

"세상에 이렇게 아플 수도 있구나" 싶을 정도로 아팠습니다. 며칠 전부터 왼쪽 무릎이 이상하더니 설날 저녁부터 통증이 극에 달했습니다. 다리를 들거나 디디거나 굽힐 수가 없고 조금만 힘을 주면 힘줄을 뽑아내는 것처럼 아팠습니다. 새벽에는 오한이 나서 이불 몇 겹을 덮고도 덜덜 떨었습니다. 부축을 받으며 병원에 가서 의사를 만나고 엑스레이를 찍어도 원인을 잘 모르겠답니다.

지난 주일은 진통제를 과다 복용해서 속이 미식거리고 머리가 띵한 상태로 예배를 집례했습니다. 다리를 저는 모습을 보이지 않으려고 예배를 마치자마자 제 방으로 도망 왔습니다.

우리 예배는 마쳤는데... 마음 한 구석에서 걱정이 밀려왔습니다. 당장 월요일부터 서울 한우리교회에서 청년 부흥회를 인도하기로 약속이 되어있었습니다.

걷기도 어렵고 차를 타고 내리기도 힘든 상황에서 부흥회 인도는 무리라는 생각이 들었습니다. 그러나 취소할 수도 미룰 수도 없는 일정이라 월요일 낮에 무작정 서울행 KTX에 몸을 실었습니다. 마중을 나온 청년 담당 목사님이 다리를 절며 고통스러워하는 저를 보더니 안색이 달라지십니다. 숙소인 교육문화 호텔에 도착했습니다.

바로 두 시간 후면 저녁집회가 시작됩니다. 다시 진통제를 먹고 다리에 약을 바르고 압박 붕대를 감고 보호대를 차며 전장에 나가는 장수처럼 주님께 간절히 기도를 드렸습니다. 그러나 무릎 속에서부터 전해오는 찌릿찌릿한 통증은 좀처럼 멈춰지지 않았습니다.

저녁 6시 32분에 띠링~ 하고 문자가 들어 왔습니다. 이지현 전도사님입니다.
"매일 저녁 7시에 모리아 여전도회원들이 모여서 목사님 위해 기도회를 하기로 했습니다. 목사님! 힘내세요!"

7시 30분! 설교를 하기 위해 일어섰습니다. 어? 그런데 정말 이상하게도 무릎이 아프지가 않았습니다. 뚜벅 뚜벅 힘차게 걸어서 강단으로 올라갔습니다. 다음 날도, 그 다음날도, 지금도... 뚜벅뚜벅 힘차게 걷습니다. 정말 신기하고 정말 감사합니다.

"이 맛에 예수 믿고 기도하는 건가 봅니다."

# 040

## 울 엄마 땜에 미치겠습니다

언젠가 주보 칼럼에 "찢어진 양말을 어디에 쓰시려고…"라는 제목의 글을 실었었습니다. 구멍이 나서 쓰레기통에 버린 제 양말을 어머니께서 다시 빨아서 건조대에 널어놓으셨던 이야기였지요.

그 후에 몇몇 분들이 어머니께서 그 양말을 어디에 쓰셨는지를 묻기도 했었습니다. 나도 잊고 살았었는데 무려 두 달여 만에 그 답을 찾았습니다. 드디어 어머니께서 그 찢어진 양말을 어디에 쓰셨는지를 알게 된 것입니다.

지난 주에 빨래가 좀 밀렸었습니다. 꺼내놓고 입던 속옷들을 모두 세탁기에 넣고는 전에 입던 속옷을 찾기 위해서 안방의 속옷 서랍을 열었습니다. 무심코 잘 개켜 있는 속옷을 하나 꺼냈습니다. 뭔가 이상해서 속옷을 살펴보고 그만 기절할 뻔 했습니다.

암튼, 울 엄마 땜에 미치겠습니다. 파란 색 팬티에 그 검은 양말을 잘라 세 조각으로 펴서 덧대어 꿰매 놓으신 겁니다. 푸하하하하... 여기다 쓰셨구나 하고 웃다가 왜인지 모를 아픔과 재미와 추억과 속상함이 교차하는 묘한 기분이었습니다. 제게는 아직 포장도 풀지 않은 속옷도 여러 장 있고 입어 주기를 바라며 순서를 기다리고 있는 좋은 옷들도 많이 있습니다. 하필 버리기 직전의 낡은 속옷을 찾아내서 양말을 덧대어 꿰매 놓으신 겁니다.

그것도 파란 팬티에 검은 천을... 너무 재미있고 기가 막혀서 사진을 찍어 두었습니다. 아들에게 사진 메일을 보냈더니 큭큭 웃으며 그냥 버리라고 합니다. 그 사진을 아내에게 보냈더니 역시 웃으며 우리 집안의 가보로 보관하자더군요. 제 여동생은 엄마 입으시라고 엄마께 드리랍니다. 반드시 입으실 거라면서... 사실 재미도 있었지만, 엄마의 궁상에 속이 상하기도 했습니다. 아무리 아들이지만 중년 남자의 팬티를 뒤지고 꺼내서 꿰매 놓으신 것에 짜증도 조금 났습니다. 엄마의 가난 놀이가 질리기도 합니다. 그래서 확 버려버리려 했습니다.

그런데 이상합니다. 시간이 지날수록 입지도 못할 그 팬티에 정이 드나봅니다. 자꾸 생각이 나서 오늘은 슬쩍 그놈을 입어봤습니다. 두툼한 느낌이 그리 싫지는 않습니다.

엄마 생각에...  피식 웃음이 납니다.

# 041

# 칭찬은 목사도 춤추게 한다

지난 주간은 병원에서 지냈습니다. 몇 개월 전에 선배 목사님의 강력한 권유로 하게 된 아내의 건강 검진에서 직장에 유암종이 있는 것이 발견되어서 이번 주간에 수술을 하게 되었습니다. 이미 삼 개월 전에 발견되었지만 국민 의료보험이 안되서 삼 개월을 기다리다 이제야 치료를 하는 것이 아내에게 미안하기도 했지요. 보험이 나오기를 기다리던 삼 개월 내내 스티브 잡스가 유암종이 원인이 되어서 죽었다는 말이 늘 마음에 부담으로 남아서 더 기도를 하기도 했지요.

20년 이상을 함께 살면서 출산할 때 외에는 병원이라고는 모르고 살던 아내가 병원복을 입고 있는 모습이 안쓰럽기도 했고 침대에 누운 채 수술실로 들어갈 때에는 마음이 울컥하기도 했습니다. 주변 사람들과 교우들에게는 전혀 알리지 않고 둘이만 있기로 했던 결정도 참 잘한 것 같습니다. 연락도 안되고 병원도 몰라서 사랑하는 사람들이 답답해 하기는 했어도 서로간의 불편과 부담도 없애고 특히 그간 나만을 주목하던 우리 부부의 사이에도 이번엔 내가 아내에게 주목하고 아내를 도울 수 있는 좋은 기회였습니다. 늘 뒤에서 사랑으로 기도하고 있는 사랑하는 모리아 가족들의 기도와 사랑의 에너지가 든든하게 밀려오는 느낌도 분명했습니다. 참 감사합니다. 짧은 병원생활이지만 참 많은 것을 생각하고 느끼는 작은 수련회와도 같은 시간이었습니다. 비록 쪽잠에 불편한 병원생활이었는데 나름 책도 읽고 기도도 하고 이야기도 많이 하고 생각도 많이 하고 계획도 정리도 많이 하는 좋은 시간이었습니다.

참, 이런 일도 있었습니다. 처음 입원을 하고는 간호사실을 찾아가서 알아봐야 할 일들이 많았습니다. 담당 간호사에게 이것저것을 물어 보기도하고 답을 듣기도 하는데 담당 간호사 옆에 있던 수간호사님이 저를 자꾸 쳐다보는 것이었습니다. 바쁜 양반이 왜 자꾸 쳐다볼까? 낯이 익은가? 생각만 하고 병실로 돌아갔지요. 잠시 후 다시 모르는 것이 있어서 간호사실엘 갔는데 그 수간호사님이 드디어 제게 말을 걸었습니다. "저기요, 목소리가 정말 좋으신데... 혹시 뭐하시는 분이세요? 기분 좋은 목소리셔요" 하시는 겁니다. "감사합니다. 차차 아시게 될 겁니다"하고는 기분 좋게 방으로 돌아왔습니다. 하루 종일 기분이 좋았습니다. 목소리 좋다는 칭찬 한 마디가 병원 생활 전체에 작은 활력이 되고 간호사실을 찾아가는 담대함과 괜한 친숙함의 근거가 되기도 했습니다.

참 소소한 사건이지만 수간호사의 칭찬 한 마디가 자칫 우울하거나 불안할 수도 있었던 병원 생활의 분위기를 바꾸는 커다란 에너지가 되었지요.

"칭찬은 목사도 춤추게 한다? 하하하!"

# 042

# 고집부려준 아내가 고맙습니다

지난 주초에 마산에 있는 문창교회에 부흥회를 다녀왔습니다. 과거 자유당 시절에 부통령이었던 함태영 목사님과 위대한 순교자 주기철 목사님이 사역을 하셨던 111년 전통의 멋진 교회입니다. 사랑하는 동역자들의 기도 지원으로 은혜 가운데 말씀 잘 전하고 왔습니다.

그런데 가기 전부터 마음에 걱정이 되고 걸리는 것이 있었습니다. 지난 주에 수술을 하고 죽만 먹고 있는 아내를 혼자 두고 가는 것이 마음 편치 않았던 것입니다. 마산이 거리도 멀지 않고 그 교회 목사님도 이해할 만 하실 것 같아서 아내를 데려가는 게 좋겠다고 생각을 하고 결정을 했습니다. 아내가 저의 제안을 은근 좋아할 줄 알았습니다.

그런데 웬걸! 아내는 막무가내입니다. 집에서 중보하다가 예전처럼 마지막 날에 가서 함께 돌아오겠다는 겁니다. 혼자 잘 있을 수 있고 중병 환자도 아닌데 웬 호들갑이냐고 오히려 나무랍니다. 절대로 같이 가지 않겠답니다. 집회하는 데 따라가서 눈치보고 그 분들 신경쓰이게 하고 싶지 않다는 겁니다. 그래도 내 맘이 안편하니까 함께 가서 그 교회 분들 아무도 모르게 숙소에 그냥 쉬고 있으라고도 해봤습니다. 안간답니다. 제 후배들 중에 제일 말 안듣는 후배 맞습니다.

이건 꺾을 수 없는 결단임이 느껴져서 수긍을 하고는 집을 나섭니다. 짐가방에 책가방, 양복에 배게까지 싸들고 마산을 향해서 출발했습니다. 차를 몰고 가면서도 저는 제 생각이 맞는데 아내가 괜한 고집을 부리고 있는 것에 마음이 영 찜찜했습니다. 대티 터널을 막 지나가려는데 전화벨이 울립니다. 아내입니다.

"여보. 식탁 위에 바인더가 있는데 이거 필요없는 거예요?" 합니다. 아차! 삼일 동안 전할 부흥회 설교 원고를 식탁 위에 두고는 정신없이 그냥 나와버린 겁니다. 가방 속에 있는 줄 알았습니다.

차를 돌려 집으로 원고를 가지러 가면서 옳은 생각이 꼭 옳은 판단이 아닐 수도 있다는 것을 알았습니다. 상황에 따라서 결정한 것의 결과가 달라지는 일도 있는 것이지요. 아내가 내 말을 듣고 같이 마산으로 가고 있었으면 큰 일 날 뻔했습니다. 원고를 놓고온 것을 까맣게 모르고 마산까지 갔을겁니다. 생각하기도 싫은 끔찍한 일입니다.

이럴 땐 고집을 부려준 아내가 고맙습니다.

# 043

# 뒤따르는 것이 가장 빠른 길이죠

지난 주중에 요양병원에서 투병중이신 양응조 성도님과 김정순 성도님의 병상 세례예식이 있었습니다. 참 감격스럽고 은혜로운 세례식이었습니다.

마침 간증 사역이 있으셔서 강종갑 장로님도 그 병원에 가셔야 한답니다. 그래서 저와 동행하여 병상 세례식을 도와주시기로 하셨습니다. 스케줄상 차를 따로 가져가야 했는데 강 장로님이 요양병원의 위치를 잘 모르신답니다. 이한구 목사님과 강 장로님이 병원 위치를 이야기하다가 이 목사님이 이렇게 얘기했습니다.

"장로님, 그냥 천천히 갈테니까 저희 차를 따라오세요."

그리곤 우리가 앞서서 출발을 했습니다. 한참을 가다가 이 목사님이 차의 백미러를 보면서 "어? 강 장로님이 앞서셨는데요. 어? 저쪽으로 가시는데요? 길을 아시는가 봐요" 합니다.

우리 차가 병원에 도착을 했습니다. 차를 주차하고 기다려도 앞서 가셨던 강 장로님의 차가 오지를 않습니다. 몇 번이나 전화를 하면서 길을 가르쳐 드리고 길가로 나가서 지나쳐 가는 차를 향해 손짓을 하면서 한참을 지나서야 강 장로님의 차가 도착했습니다.

병원 엘리베이터를 타고서 강 장로님이 "잘 모르면서 앞서 갔기 때문에 생긴 일"이라고 회개(?)를 하셔서 함께 웃었습니다. 그런데 그 웃음 뒤로… 늘 주님을 따르겠다고 말하면서도 주님보다 앞서다가 힘들어 하고 넘어지는 제 모습이 문득 보였습니다. 그 마음을 들키지 않으려고 더 너스레를 떨면서 웃었던 것 같습니다.

사역이나 생활에서 늘 열정과 계획이 앞서서 부딪히고 일을 곤란하게 만드는 경우가 종종 있기에 "잘 모르면서 앞서다가 생긴 일"이라는 말이 가슴에 와 닿는 모양입니다. 저는 "뒤따르는 것이 가장 빠른 길"인 것을 잊을 때가 많았습니다.

병상 세례식을 마치고 차에 앉았습니다. 그리고는 아무도 모르게 조용히 주님께 기도를 드렸습니다.

"주님… 늘 주님의 뒤에서 묵묵히 따르며 주님께만 순종하는 신실한 목사로 살게 하소서."

# 044
# 새 냉장고

미국에서 목회 할 때 있었던 일입니다. 1부 찬양 예배를 드리고 있는데 강단에 광고 메모가 올라왔습니다. "교회 냉장고를 기증받습니다. 각 가정에서 쓰지 않는 중고 냉장고가 있으면 교회 사무실로 연락 바랍니다"라는 내용이었습니다. 언젠가 제 아내가 교회 친교실의 냉장고가 고장이 나서 바꿔야 한다며 걱정을 했던 기억이 났습니다. 찬양 시간이 끝나면 광고를 해야지... 하면서 메모지를 손에 들고 찬양을 불렀습니다.

그때 부르던 찬양이 "주님 사랑해요. 온 맘과 정성 다해"라는 찬양이었습니다. 온 몸과 마음을 다해서 주님을 사랑한다는 고백의 찬송을 부르고 있노라니 자꾸만 음성이 들렸습니다. "애...나는 왜 항상 너희가 쓰던 것만 쓰니..." 하는 마음의 소리였습니다. 교회에 중고 냉장고를 기증해 달라는 광고 내용이 마음에 걸렸던 모양입니다.

그리고는 잠시 전에 순간적으로 내 머릿속을 스쳐갔던 생각이 나를 부끄럽게 했습니다. '우리 집 냉장고를 새로 바꾸고, 우리가 쓰던 냉장고를 교회 친교실에 가져다 놓을까…' 정리되지도 않은 그저 스쳐간 생각이 내 입술의 찬양과는 너무도 다른 나의 못되고 부족한 교회 사랑의 현주소임을 깨달았습니다.

눈물이 울컥 났습니다. 즉시 회개했습니다. 그리고 "중고 냉장고"라는 광고의 뒷부분을 뺐습니다. 아무리 경제적으로 어려운 상황이라도 우리 교우 중 누군가가 새 것으로 헌물할 분이 있을 것이라는 생각이 들었습니다. 물론 아무도 없으면 내가 감당해야 할 몫이라는 것도 분명히 했습니다.

그 주일 오후에 두 명의 헌신자가 찾아왔습니다. 우리 교회에서 처음 예수님을 믿고 올해 세례를 받은 할머니 한 분과 아르바이트로 생활을 하고 있는 예스컴의 한 여학생이 "교회 냉장고 헌금"을 드렸습니다. 커다란 새 냉장고를 살 수 있었습니다.

목사보다 훌륭한 성도들의 교회 사랑으로 인해 껄끄럽고 송구했던 마음이 편해지더군요. 내가 드린 것보다 더 당당하고 기쁜 건 왜 일까요? 기분 좋게 말씀드렸습니다.

"주님…여기 새 냉장고입니다!"

# 045

# 엄마는 늘 그 표정입니다

지난 월요일에 서울엘 다녀왔습니다. 어머니께서 허리 치료를 마치고 퇴원을 하셨고, 몇 개월 전에 뇌수술을 한 동생이 점검을 받으려고 필리핀에서 들어왔기에 겸사겸사 다녀온 것입니다. 우리 삼남매가 모처럼 어머니를 모시고 둘러 앉아 점심을 먹었습니다. 농담 삼아 동생이 "오늘은 박 씨 순수 혈통만 모였네" 하는데 문득 돌아가신 아버지 생각이 나더군요.

너무 흔한 말이지만 세월 참 빠릅니다. 등 굽은 어머니와 몸 불편한 동생, 중년의 아줌마가 되어버린 막내를 보면서 어느새 지나버린 50년의 세월이 신기하기도 했습니다.

어머니를 모시고 커피숍엘 갔습니다. 옛날 아버지 살아계실 때 사람들 만나러 다방에 가보신 이후로 처음이신 것 같습니다. 신기한 듯 주변을 둘러보십니다. 구석구석 살피시는 어머니의 미소짓는 얼굴이 미안한 마음을 더하게 합니다. 둘러보시는 어머니의 눈길을 피하며 슬쩍 일어나서 커피와 팥빙수를 주문했습니다. 아무 말 하지 않아도 그저 편하기만 한 가족들입니다. 실없는 소리도 재미있습니다. 어머니는 동생이 마시는 아메리카노의 맛이 궁금하셨는지 한 모금 마시고는 머리를 흔드시며 "캬아악! 써. 아이구 씨! 이 쓴 걸 왜 마신다니?"하셔서 한바탕 웃었습니다. 그리고 이번에는 팥빙수를 드시고는 또 버럭 "아이구 달어!! 너무 달어..."하시며 머리를 흔드십니다. 커피는 너무 써서 싫고 팥빙수는 너무 달어서 싫다 하십니다. 그래도 자꾸 드십니다. 그 쓴 커피도 자식들과 함께 먹으니 기분 좋게 씁니다. 그 달달한 팥빙수도 자식들과 함께 드시니 당수치가 하나도 무섭지 않으신 모양입니다.

조금이라도 더 함께 있기를 원하심을 알면서도 못된 아들은 자꾸 시계를 봅니다. 아쉬움을 뒤로 하고 자리에서 일어났습니다. 기차 시간 10분 전에 광명역에 도착했습니다. 서둘러 인사를 나누고 차에서 내리는데 뒷자리에서 엄마가 부릅니다.

"얘... "

잠시의 정적 뒤에 작은 목소리로 또박또박 말씀하십니다.

"고, 맙, 다... "

하나도 고마운 놈이 아닌데 고맙다고 하셔서 아무 대답을 못했습니다. 그저 손을 흔들어 인사를 하고는 기차에 올랐습니다. 자리에 앉아서도 자꾸 엄마 목소리가 들립니다. 그리고 그 아쉬워 하시는 표정이 그려집니다. 하나도 안 슬픈 척 슬퍼하시는 그 표정입니다. 늘 헤어질 때마다 그 표정입니다. 내가 군대 입대 하던 날 나를 보내시던 그 표정입니다. 내가 미국에 들어가던 날 나를 보내시던 그 표정입니다.

엄마는 늘 그 표정입니다.

# 046

# 사과씨 속 사과들

지난주 중에 미국에서 귀한 손님이 왔었습니다. 늘 자신을 저의 일등 제자라고 자랑하는 미국 엘더 양육반 1기 이승현 자매입니다. 제가 미국에 갔을 때 네바다 주립대학교의 유학생들을 중심으로 젊은 제자들 양육 사역을 시작했었지요. 그때 만나서 수 년을 함께한 제자입니다.

네바다 주립대학을 졸업하고 대학원을 마친 후에 자기 진로를 위해서 기도하면서 제게 상의를 했었습니다. 저는 박사 학위를 취득하여 대학의 교수가 될 것을 권했습니다. 대학 교수가 되어 대학 내의 기독교 동아리를 지원하고 지도하며 학교 복음화를 위한 학교 내 사역자가 될 것을 명했지요.

승현이는 흔쾌히 순종하여 플로리다주의 올렌도로 떠났습니다. 이제 박사 과정 세 학기를 남기고 모처럼 한국에 와서 부산으로 찾아온 겁니다. 친 딸과 진배없이 반갑고 행복한 시간이었습니다. 몇 년 만에 만났는데도 마치

엊그제 만난 것처럼 친숙하고 편안했습니다.

여기저기 다니며 맛있는 것도 먹고 바다 구경도 하면서 즐거운 시간을 보냈습니다. 늦은 밤까지 외로운 유학 생활의 어려움들을 나누며 앞날의 비전들을 이야기했습니다.

참 좋았습니다. 이런 제자들이 세계 곳곳에서 자기 몫을 다하며 하나님의 구원 사역의 마지막 주자로서 제자의 사명을 다하고 있다고 생각하니 참으로 감사하고 힘이 났습니다.

사과에는 대여섯 개의 씨앗이 들어 있지만 씨앗 속에는 수백 수천 개의 사과가, 아니 무한대의 사과가 들어있다는 진리를 다시 한 번 되새겨 봅니다. 양육받은 주의 제자들이 복음의 씨앗입니다. 우리 승현이가 박사학위를 받고 교수가 되어 꿈을 이루는 날을 기대합니다.

그때 그가 서있는 그 학교에 푸르고 푸른 그리스도의 계절이 올 겁니다. 그 캠퍼스에 성령의 바람이 불어 올 겁니다. 그 아름다운 날을 바라보며 나는 오늘도 또 다른 승현이들을 열심히 길러낼 것입니다. 한 사람을 그리스도의 제자로 양육하는 것이 사역의 최고의 목표이며 보람이고 기쁨인 것이 확실합니다.

오늘 기분이 유난히 좋습니다.

# 047

# 큰일날 뻔 했습니다

지난 목요일 아침에 갑자기 눈이 번쩍 떠졌습니다. 마치 누가 흔들어 깨운 것 같은 강렬한 느낌으로 깼습니다. 아침에 고 박수홍 집사님의 입관 예배가 있는 날이어서 긴장을 하고 자서 그런 것 같습니다.

그런데 이상한 것이 스마트폰에 맞춰 놓은 알람이 울리지를 않았습니다. 전화기를 열어보니 전원이 완전히 꺼지고 버튼을 눌러도 작동을 하지 않습니다. 그야말로 먹통이 된거지요. 알람만 믿고 있다가 예배시간 전에 깨지 않았으면 큰 실수를 할 뻔 했습니다. 저절로 깬 것이 천만다행입니다. 그나저나 내 모든 정보가 들어 있는 스마트폰이 먹통이 되었으니 걱정입니다. 지난 번에도 스마트폰이 고장나서 곤란을 겪었던 일이 있었는데... 당장 연락처가 없어서 걱정도 되고 애국심으로 산 국산 스마트폰이 이렇게 속을 썩이니 화도 나고 속도 상했습니다.

입관 예배를 마치고 부랴부랴 서비스센터로 갔습니다. 물론 가서 격렬한 항의라도 하고 싶은 짜증스러운 마음이었지요. 그야말로 어느 노래 가사처럼 "손대면 톡 하고 터질 것만 같은" 심정으로 서비스센터 문을 열고 들어갔습니다. 안내하시는 분이 마치 대단한 손님이라도 맞이하는 것처럼 반갑게 인사를 합니다. 그리곤 자기가 대기번호표를 직접 뽑아서 건네주더군요. 참 친절합니다.

잠시 후 "130번 손님~"하면서 제 번호를 부릅니다. 접수하시는 분이 일어서서 어서 오라고 저를 맞이합니다. 가만 보니 일일이 일어서서 손님들을 맞이하더군요. 존중받는 느낌이 들었습니다. 그 친절에 어느덧 짜증스러운 마음도 항의하고픈 생각도 다 녹아없어졌습니다. 저도 나긋나긋하고 친절한 목소리로 품위있게 대하게 되더군요. 접수 후에 수리기사분이 대기실까지 나와서 제 이름을 공손하게 부르며 저를 찾습니다. 자기 책상으로 데리고 가더니 마치 자기 잘못으로 고장이 난 것처럼 미안해 하면서 하나하나 고장 원인을 설명해 줍니다. 한 시간만 기다려 주시면 더 좋은 버전으로 업그레이드하고 완벽하게 고쳐놓겠다면서 잠시만 기다려 달랍니다.

그분들의 친절함에 어느덧 기분이 좋아져서 한 시간을 여유있게 기다렸습니다. 한 시간 후 기사분이 수리한 스마트 폰을 직접 들고 나와서 친절하게 설명을 하면서 제게 건네줍니다. 혹시 무슨 일이 있으면 언제든지 전화를 달라면서 명함까지 주더군요. 그리고는 "목사님 안녕히 가세요"라고 인사를 합니다. 뜨악! 제 전화기의 기록, 문자, 메일 등등 모든 것들이 박상철은 목사라고 외치고 있었던 것입니다.

"성질 부렸으면 큰일날 뻔 했습니다."

# 048
## 설교에 소질 있는 목사

지난 주말에 딸 하영이의 친한 친구가 놀러왔습니다. 다정이라는 아이입니다. 초등학교 때부터 친하게 지냈었던 친구인데 하영이가 미국에서 살았기 때문에 자주 만나지는 못했었죠. 그럼에도 불구하고 매일 만나는 사람처럼 속털어놓고 지내는 절친입니다. 대학생이 되어서도 여전히 우정을 과시하며 지내다가 몇 년 만에 만난 것입니다.

하영이도 미국에서 살다가 한국으로 돌아와서 여러 가지로 낯설어 긴장하며 지내고 있었는데 다정이가 놀러온 것이 하영이에겐 정말 즐겁고 신나는 일이며 삶의 활력소가 되는 것 같았습니다.

삼일 내내 둘이서 붙어다니다가 다정이가 다시 춘천으로 돌아가는 주일날, 우리교회 예배에 참석했습니다. 원래 다정이는 천주교 신자이어서 개신교회의 예배를 처음으로 드리는 거라고 했습니다.

예배를 마치고 기차를 타러 역으로 가면서 다정이가 우리 교회에서 드린 예배에 대해서 한 이야기를 하영이가 저에게 전해주었습니다.

천주교 예배는 무겁고 어두운데 우리 교회의 예배는 활력이 넘치고 밝아서 너무 좋았다고 칭찬을 했답니다. 그리고는 저의 설교에 대해서도 이야기하기를 했답니다.

"하영아, 니네 아빠... 설교에 참 소질 있으시더라"라고.

뭔가 좋았다고 이야기를 해야 하는데... 용어 선택을 못한 듯 머뭇거리다가 한 말이랍니다. 하영이가 배를 잡고 웃었답니다. 은혜받았다는 교회 용어를 모르니까 이렇게 표현한 것입니다.

그 말을 듣고 저도 하영이와 함께 많이 웃었습니다. 20년 이상 설교를 해왔지만 아직도 능력있는 설교자가 아니라 "소질 있는 사람"이라는 것이 아주 신선하게 들렸습니다. 앞으로는 설교를 잘 할 수도 있는 가능성을 보게 된 것이지요.

아무튼, 저의 설교의 소질을 딸아이의 친구에게 인정받은 무척 감격스러운 저녁이었습니다.

# 049

# 14년 만에 찾은 동생

지난 주간에 서울 금호교회에 부흥회를 다녀왔습니다. 그 교회 담임목사님
이 제가 10년 전 춘천에서 목회할 때 십자군 전도대로 파송되어 부교역자
로 저의 사역을 도와주셨던 분입니다.

춘천에서 사역할 때 어느 날인가 제게 찾아와서는 할 말이 있답니다. 뭐
냐니까 제게 "형님"이라 불러도 되겠냐는 겁니다. 그 때만 해도 제가 너무
어려서였는지 어렵게 부탁했을 그 말을 거절했던 것으로 기억이 됩니다.

아마도 담임목사와 부교역자 간의 위계 질서라는 말도 안되는 권위주의가
작용을 했던 것 같습니다. 참 미안하고 낯부끄러운 기억입니다. 그러고는
14년이 흘렀습니다.

역사와 전통을 자랑하는 금호교회의 담임목사가 되어 미국에서 돌아온 어
설픈 형을 찾아서 부흥회 강사로 세웠습니다. 최고급 호텔로 모시고 최선

을 다해서 대접을 합니다. 마치 친형을 대하는 것처럼, 아니 그보다 더  각별하게 섬기면서 가슴 뭉클한 지난 이야기들을 풀어놓습니다. 그 동안 고생도 많이 했고 간증 거리도 많더군요. 그리고 큰 인물로 우뚝 서있었습니다. 그리고 이제부터 형님이라고 부르겠다는 선언도 잊지 않습니다.

밤 집회를 마치고 호텔 앞으로 데려다 주고는 굳이 운전석에서 내려서 인사를 건넵니다.

"형님, 내일 새벽에 여기서 만나요. 형님, 푹 쉬세요."

"형님"이라 부르는 애틋한 호칭이 더욱 진한 느낌으로 다가옵니다. 차를 보내고 호텔 앞 가로수를 바라봅니다. 가로등 불빛을 흔들며 가을 바람이 불어옵니다. 쓸려가는 노란 은행잎들이 참 예쁘다는 생각을 했습니다. 깊은 가을의 정취가 가을 바람에 실려 가슴까지 파고듭니다.

십 년도 훨씬 더 된 미안한 마음을 풋풋한 추억으로 만들어 미소짓게 합니다. 바람은 차가운데 가슴은 따뜻합니다.

14년 만에 동생을 찾았습니다. 생각 할수록 참 멋있는 동생입니다.

# 050
# 삼촌의 쑥스러운 신앙

지난 목요일에 미국의 처남을 통해서 좋지 않은 소식을 들었습니다. 제 아내의 외삼촌이 췌장암 말기 판정을 받았다는 안타까운 소식입니다. 암 세포가 온 몸과 뼈에까지 전이되어 이제 더 이상은 손을 쓸 수가 없다는군요. 너무 늦어서 이제 살아계실 시간이 일 주일에서 한 달 정도밖에는 안 남았답니다.

20여 년 전, 파릇파릇한 대학생이었던 아내와 내가 데이트를 하고 있을 때에 아내의 부모님께 저를 처음 소개하고 지지해주셨던 분이 그 삼촌입니다. 자그마한 체구에 매사가 똑부러지고 주관이 분명했던 분입니다. 늘 소신이 강하고 거침없는 독설을 퍼부으셔서 가끔 주변 사람들을 당혹스럽게 하기도 했었습니다.

그러나 마음 속 깊은 곳에서 배어나오는 진한 정과 가끔씩 스치는 애틋한 외로움을 발견할 때면 뭉클한 정감이 가는 그런 인물이었지요. 거침없이 교회를 비난하고 목사들을 비판하면서 저에게 너는 진짜 목사가 되라고 험하고 따끔한 조언을 해주던 삼촌입니다. 괴팍한 성격과 독설 덕에 주변 사람들과의 불협화음도 있고 은근 피하는 사람들도 있었지요.

그런데 참 묘한 것이 저는 그 삼촌이 좋았습니다. 중독성있는 말투와 약함을 커버하기 위해서 강한 척 하는 것이 뻔히 보이는 그 순수함이 좋았습니다. 외로워서 늘 누군가에게 뭔가를 말하려 하는 것도 측은했고 모난 성격 때문에 스스로 가슴앓이를 하면서도 고쳐지지 않는 천성에 아파하는 인간적인 고뇌가 느껴져서 좋았습니다.

교회를 그렇게 비판하면서도 주일이 되면 양복을 챙겨 입고 당신의 아내를 교회까지 차로 데려다주는 쑥스러운 신앙이 내 눈에는 좋아보였습니다. 늘 교회 문 밖만 서성이다가도 교회의 시설이나 엠프라도 고장이 나면 두 팔 걷어부치고 달려와 정성껏 고쳐주시곤 했었습니다. 언제 들었는지 제 설교 테잎을 듣고 대화중에 가끔씩 인용할 때면 피식 웃음이 나기도 했지요. 마음 깊은 곳에 하나님을 수줍게 모시고 있는 그 분의 신앙을 저는 잘 알고 있습니다.

가시기 전에 그 마음을 주님과 증인들 앞에 표현하고 고백하기를 간절히 기도하고 있습니다. 마음 같아서는 모든 것 접어두고 미국으로 날아가 남은 며칠이라도 함께 있어드리고 싶지만 그럴 상황이 못되는군요.

남은 시간 동안 삼촌이 고통스럽지 않았으면 좋겠구요. 하늘로 가면 쑥스러움 던져버리고 주님 품에 와락 안겨서 행복하게 지낼 수 있기를 기도합니다. 좋아하는 삼촌이 갑작스럽게 인생을 마감하는 것을 보면서 참 마음이 아픕니다. 인생살이 그리 아등바등 살아갈 필요 없다는 것을 다시 한 번 깨닫습니다.

# 051

# 죽도 죽 나름인가 봐요

지난 화요일 저녁에 심방을 마치고 집으로 들어서는데 전화벨이 울립니다. 춘천에서 사역할 때 부목사로 동역했던 후배 목사님이 부산엘 왔답니다. 구미에서 강의를 하고 다음 날은 영도에서 강의가 있어서 들렀다는군요. 숙소를 이미 잡아 놨다기에 숙소에 들러서 묵은 이야기들을 나누며 즐거운 시간을 보내고 있었습니다. 늦은 시간에 하영이에게서 카카오톡 메시지가 왔습니다. "엄마가 엄청 아파. 토하고 열나고 난리 났음."

후다닥 집으로 와보니 상태가 심상치 않습니다. 저녁에 하영이를 먹이려고 치킨을 튀겨서 같이 맛있게 먹었는데 이게 탈이 난 모양입니다. 실은 아침에 좋지 않은 소식을 들은 것이 화근이 된 것 같습니다. 지난번 칼럼에 소개했던 미국 외삼촌이 결국 돌아가셨다는 소식을 듣고는 함께 못했음을 미안해하며 종일토록 심란해했었는데 그 상태에서 먹은 것이 탈이 난겁니다. 성경의 말씀대로 여자는 참 연약한 그릇인 것 같습니다.

수요일 새벽기도와 양육반을 마치고는 24시간 마트에 가서 인스턴트 죽을 샀습니다. 죽집까지 가는 시간도 부족하고 귀찮기도 해서 가까운 편의점에서 샀습니다. 반 정도 먹는 것을 보고 교회로 와서 오전 일을 마치고 집에 전화를 해 보니 조금 먹은 죽마저도 다 토했답니다. 단단히 탈이 난 모양입니다. 집엘 들어가 보니 표정을 밝게 하려고 노력은 하는데 가끔씩 찌푸리는 것이 속이 많이 아픈가봅니다.

그런데 수요일 밤에 아내가 농담 반 진담 반으로 이런 얘기를 합니다. "왜 죽까지 다 토한 줄 알아요? 하영이가 아플 때는 죽집까지 찾아가서 진짜 죽을 사다주고 마누라가 아프다니까 인스턴트 죽을 사다줘서 그래요" 하는 겁니다. 이런 황당한 경우가 있나? 자기가 아픈 것이 마치 내 정성과 사랑이 부족해서 그런 것처럼 몰아갑니다. "당연하지! 우리 딸이 더 중요하니까…" 하며 장난스럽게 농을 던지고는 자리를 피했습니다. 하영이가 엄마 몰래 카톡을 보냈습니다. "아빠! 낼 아침에 죽 꼭 사오삼. 남편 노릇하기 원래 힘든거임."

다음 날 아침 일찍 메리놀병원 근처까지 가서 전복죽을 사왔습니다. 전에 하영이가 아플 때 죽을 샀던 집입니다. 일부러 그 집으로 갔지요. 정말 맛있게 먹더군요. 그런데 참 희한합니다. 그 죽 먹고는 정말 싹 나았습니다. 시간이 지나고 약을 먹어서 나은 것일 수도 있지만 제가 보기에는 죽 먹기 전과 죽 먹은 다음의 상태의 변화가 너무나 뚜렷합니다. 아니 인스턴트 죽과 죽집 죽이 완전히 다르더군요. 제가 직접 죽을 쑤어 줬으면 날아다닐 뻔 했습니다.

저는 이 죽 사건 이후로 여자의 병은 약으로 고치는 것이 아닐 수도 있다는 새로운 학설을 제기하곤 합니다.

# 052
# 참 신바람나는 일입니다

지난 주일 오후에 우리 교회의 12번째 해외 지교회인 네팔의 더러썬 교회 건립 감사예배를 드렸습니다. 작년에 최임덕 권사님이 명예권사 임직을 받으시면서 정학삼 장로님과 최 권사님이 평생의 소원을 담아서 드린 목적선교헌금으로 이번에 우리 교회 12번째 해외 지교회를 건축하는 의미 있고 감격스러운 예배입니다.

제가 담임목사로 부임한 후 우리 교회의 사역 가운데 가장 관심있게 주시하며 연구한 사역이 바로 해외 지교회 건축 사역입니다. 참 독특하고 의미 있는 사역입니다. 우리 교회의 이름으로 열두 번째 해외 교회들을 건축했다는 것은 연구하고 계획하고 도전하는 것을 넘어서 이미 자랑스러운 전통이고 독특한 사명이 된 것입니다.

선교의 열매는 그리스도의 몸인 교회를 세우는 것이고 그 꽃은 교회당을 건축하는 것입니다. 대부분 꽃을 피운 후에 열매가 탐스럽게 열립니다. 그 존귀한 사역을 우리 교회가 감당하는 것입니다.

어떻게 하면 이 귀한 사명을 더욱 더 풍성하고 효율적으로 감당할 수 있을까를 고민하며 기도하던 중 주님의 분명한 뜻을 통하여 지혜를 얻었습니다. 바로 "해외 지교회 건립위원회"를 구성하는 것입니다. 지난 번 당회에서 해외 지교회 건립위원회 구성건을 결의했습니다. 우리 교회의 부설사역기관으로 귀한 선교 사역을 감당할 것입니다. 세계 유일의 교회 부설기관입니다. 무척 자랑스럽습니다.

감사하게도 우리 교회에는 이 일에 모든 것을 걸 수 있는 귀한 사명자가 있습니다. 바로 김응천 장로님입니다. 그분의 달란트와 사명은 해외 교회 건축 사역입니다. 해외 지교회 건축 이야기만 나오면 얼굴이 밝아지고 가슴 설레어 하십니다. 이일에 전문사역자입니다. 김 장로님을 위원장으로 임명했습니다. 멋지게 해내실 것입니다.

해외 지교회 건립 위원회 첫사역으로 우리교회의 13번째 해외 지교회를 속히 세우기를 원합니다. 모리아교회 60주년 기념 교회입니다. 이미 씨앗 헌금이 심겨져 아름다운 건축 사역이 시작되었습니다. 이번 사역은 몇몇 분의 목적 헌금에 의한 것이 아닌 우리 모리아 가족들 모두가 동참하는 지교회 건축 사역이 될 것입니다.

"참 신바람나는 일입니다!"

# 053

# 딸바보 아빠

"딸 바보"라는 말이 있습니다. 딸이 부탁하는 거라면 뭐든지 들어주고 딸이라면 벌벌 떠는 아빠들을 놀리듯이 하는 말입니다. 사람들이 저를 보고도 "딸 바보"랍니다. 놀리는 말이지만 그리 싫지는 않습니다. 저도 하영이가 부탁을 하면 마치 마법에 걸린 것처럼 순종을 하게 됩니다.

하영이가 사순절을 맞이하여 저녁 때마다 금식을 하겠답니다. 한참 먹을 나이에 저녁을 굶는 것이 쉽지는 않은 것 같습니다. 늘 저녁마다 주린 배를 달래며 다음날 아침 식사를 계획하곤 합니다. 지난 월요일 저녁에는 다음날 아침 메뉴를 돼지고기 두루치기로 정한 모양입니다.

맛있겠다고 입맛을 다시며 제 엄마에게 "집에 상추랑 깻잎이 있어요?" 합니다. 돼지고기 두루치기는 상추에 싸먹어야 제 맛이라며 저를 흘끔 쳐다봅니다. 불길한 예감에 딴청을 피워봅니다. 그러나 하영이의 강력한 명령이 하달됩니다. "아빠 내일 새벽예배 마치고 상추랑 깻잎 좀 사와요!"

아니 세상에... 그 새벽에 어디 가서 상추와 깻잎을 사온단 말입니까?

다음 날, 새벽 예배를 마치고 마켓 몇 군데를 열심히 다녔습니다. 그러나 너무 이른 시간인지라 아직 다들 문을 열지 않았습니다. 일단 목욕탕을 가서 시간을 때웠습니다. 목욕을 하면서도 머릿속에는 "상추와 깻잎"만 맴돌았습니다. 목욕을 마치고 큰 마켓으로 차를 몰았습니다.

앗싸~ 방금 문을 열었나 봅니다. 베토벤의 "환희의 송가"를 부르며 안으로 들어갔습니다. 상추와 깻잎을 사는 제 모습이 영 안어울리고 우스꽝스럽습니다. 양복을 말끔하게 빼입은 중년의 신사가 혼자 와서 아침부터 상추와 깻잎을 삽니다. 왠지 거역할 수 없는 딸의 부탁에 이 딸바보는 기쁨으로 부끄러움을 감수합니다.

우리 주님은 이렇게 말씀 하십니다. "너희가 악한 자라도 좋은 것으로 자식에게 줄 줄 알거든 하물며 하늘에 계신 너희 아버지께서 구하는 자에게 좋은 것으로 주시지 않겠느냐 (마 7:11)" 하나님도 "딸 바보"인 것이 분명합니다.

  " 딸바보 아빠... 그리고 우리 하나님"

# 054
# 불법 천사

태풍 산바의 영향으로 비바람이 세차게 몰아치던 지난 월요일에 어머니께 다녀왔습니다. 매일 통화는 하지만 몇 주를 못뵈어 죄송하기도 하고 궁금하기도 하고 또 엄마가 보고 싶기도 해서 불쑥 찾아갔습니다. 비바람을 뚫고 갑자기 찾아온 아들에게 "바쁘고 비도 오는디 뭐하러 왔어~" 하시며 나무라듯 말씀하십니다. 우리 엄마는 반가운 표시를 늘 그런 식으로 하시지요.

안으로 들어가 보니 어머니가 공부를 하고 계셨습니다. TV앞에 조그만 상을 펴놓으시고 그 위에 초등학교 교과서와 연필과 공책 그리고 돋보기가 얹혀 있습니다. 참 정겹고 자랑스러운 그림입니다.

여든이 가까운 연세에 어릴 적 못 배운 한을 푸시겠다고 학교를 다니며 초등학교 과정을 공부하시는 엄마의 결정과 노력이 얼마나 멋지고 감사한지 모르겠습니다. "울 엄마 공부하고 계셨네. 참 착한 학생이시네~"하면서 놀리듯 칭찬을 해드렸지요. 공부하시기 힘들지 않냐는 아들의 물음에 표정이 이내 굳어지시더니 한숨을 푹 내쉬셨습니다. "그러게~ 금방 들어도 자꾸 잊어먹고 손이 떨려서 글씨도 잘 안 써지네~"하시면서 만학의 고통을 토로하십니다. 배우의 대사처럼 능숙하게 말씀하시는 투가 수십 번도 더 하시는 말씀 같습니다. 그런데 그보다 더 큰 걱정거리가 생겼다면서 걱정스러운 표정 연기까지 보이십니다. "뭔데요?" 하는 질문에 기다렸다는 듯이 공책을 하나 꺼내 보이셨습니다. 여름 방학 숙제입니다. 방학 때 병원에 입원해 있었고 너무 어려워서 도저히 숙제를 못하시겠답니다. "남들은 다 냈는데 나만 못 내서 학교 가기도 싫고 선생님 보기도 미안해서 학교고 뭐고 다 때려치워야겠다"고 으름장을 놓으시더군요.

짐짓 저보고 숙제를 해내라는 뜻입니다. "엄마! 숙제를 대신 해주는 건 불법이여요~" 하면서 슬쩍 튕겼습니다. "아니~ 누가 숙제를 해달라? 기냥 다른 공책에다가 써놓으면 내가 다시 잘 고쳐서 베껴쓰면 되지..." 워낙 당당하고 강력한 요구입니다. 전혀 물러설 기세가 없으십니다. 낄낄 웃으면서 숙제 공책을 펼쳐봤습니다. 열 문제인데 노인들이 하기에는 까다롭고 어려운 숙제입니다. 주로 편지를 쓰고 문장을 만드는 문제더군요. 감사했던 일 적기, 가족에게 편지 쓰기, 자신의 소원 적기, 가슴 아팠던 경험 등을 쓰는 문제들이었습니다. 어머니께 하나하나 물어가면서 오랜 시간을 들여 숙제를 해드렸습니다. 아들과 함께 숙제를 하는 내내 표정이 확 밝아지시면서 아이처럼 기뻐하셨습니다. 엄마와 나는 기쁨으로 불법을 저질렀습니다. 숙제를 마치자 엄마는 하나님이 당신의 안타까운 기도를 들으시고 천사를 보내주셨다며 기뻐하십니다. 내가 졸지에 천사가 됐습니다. 부산으로 내려오면서 얼마나 기분이 좋던지요. 불법을 행하고도 이렇게 기분이 좋기는 처음입니다.

# 055
# 너무 신나서 자랑 좀 했습니다

지난 화요일에 대동고등학교 추수감사예배를 다녀왔습니다. 천여 명의 청소년들에게 복음을 전할 절호의 기회인지라 여러 날을 고민하며 말씀을 준비하고 정리하고 외우며 결전의 날을 대비했습니다. 청소년 설교는 군더더기 없이 간략해야 하고 학생들의 눈높이에 맞춰야 하기에 반드시 외워서 해야 하지요.

학생들에게 나눠주려고 맛있는 빵도 준비하고 설교 때 쓸 고급 볼펜도 준비했습니다. 청소년 사역은 기꺼이 손해보는 것이라는 것이 실감납니다. 학생들과 선생님들이 빼곡하게 들어찬 강당으로 들어갔습니다. 산만하게 떠드는 것이 사명인줄로 아는 학생들이 맨 바닥에 앉아서 빨리 끝나기만을 기다리는 듯 웅성댑니다.

예배와 설교에 정말 최악의 분위기입니다. 마이크는 먹먹하여 학생들의 떠드는 소리보다 약합니다. 아이들은 말씀을 받아들일 준비가 전혀 안되어 있습니다. 선생님들은 아이들에게 험악한 표정으로 소리를 지르며 야단을 칩니다. 사회자는 찬송가를 모릅니다. 예배 분위기가 완전 제로입니다. 오,주여 나를 도우소서!

청소년 설교 전에는 늘 링에 올라가는 권투 선수의 심정입니다. 그냥 다시 내려가고 싶은 마음도 듭니다. 그러나 보고만 있어도 가슴이 설레이는 청소년들이 천 명이나 앉아 있습니다. 발톱을 뽑아서 아픈 발가락으로 함께 한 이중호 목사님과 반주를 위해 함께 해준 주미 자매, 이 열악한 엠프 시설과 분위기에도 특별 찬양을 해주기 위해서 온 임혜선 자매가 중보하며 힘을 실어줍니다. 마이크를 뽑아들고 설교를 시작했습니다. 성령의 도우심을 간구하며 최선을 다해서 말씀을 전했습니다. 추수감사예배 인지라 감사에 관하여 말씀을 전했습니다. 교회로 돌아와서도 설교의 열매를 위해서 기도했습니다.

그날 밤. 대동고등학교에서 신앙을 담당하시는 선생님에게서 전화가 왔습니다. "목사님! 그 동안 오셨던 분들 중에서 학생들이나 선생님들이 제일 은혜 많이 받았습니다"하시며 격려를 하셨습니다. 그리곤 흥분한 목소리로 "목사님! 좋은 일이 있어요. 옆 반 선생님이 골수 불교신자인데 오늘 목사님 설교를 듣고는 예수님을 한번 믿어보겠답니다"하십니다. 내년 초 아이들 졸업예배 때 또 와달랍니다. 그냥 인사치레 같지는 않았습니다. 막혔던 가슴이 뻥 뚫리는 것 같습니다.

"너무 신나고 좋아서 자랑 좀 했습니다."

# 056

# 꽃바구니

계속되는 여름 사역의 일정들이 버거웠던 모양입니다. 새벽 예배를 마치고 거의 실신하다시피 했습니다. 나도 모르게 쓰러져 잠이 들었는데 계속 자고 말았습니다. 식은 땀이 나고 그 무더위에 오한이 나는데 도저히 일어설 수가 없더군요.

11시가 넘어서 주미에게서 전화가 왔습니다. 오늘이 학원에서 예배를 드리는 날인데 시간이 지나도 안오셔서 전화를 했답니다. 오늘따라 아이들과 선생님들이 20명 가까이 모여있답니다. 아차, 정말 큰일입니다. 지난 주일에도 학원 예배 이야기를 하고 스케줄에도 적혀 있었는데 무방비 상태로 앓고 있었습니다. 선생님이 오라니까 억지로 왔던 학원 학생들인데 그냥 보낼 수는 없는 일입니다. 일단 학생들 점심을 먼저 먹이고 1시에 예배를 드리기로 시간을 조정했습니다. 땀에 범벅이 된 몸을 일으켰습니다. 몸이 천근만근입니다. 욕탕 바닥에 주저앉아서 샤워를 하는데 힘을 달라는 기도가 저절로 나옵니다. 겨우 몸을 추스르고 운전을 하고 가는데 학원 가까이에 꽃집이 보입니다. 꽃집 앞에 차를 대고는 꽃바구니를 하나 샀습니다. 영원히 시들지 않는 비누 재료로 만든 향기나는 예쁜 꽃바구니입니다.

이 정신에 꽃집을 보고 꽃바구니를 사야겠다는 생각이 날 정도로 오래 생각하고 중요하게 여겼던 일입니다. 사실은 사과의 꽃바구니입니다. 작년 5월에 저지른 실수를 지난 주 전교인 수련회에서야 알게 되었습니다. 수련회 마지막 날 다윗과 요나단 전태식 전도사 찬양 집회를 마치고 임혜선 집사와 윤주미 자매를 전태식 전도사께 인사를 시키면서 작년 5월의 실수를 알게 되었습니다. 자랑스럽게 임혜선 집사를 인사시키면서 "작년 스승의 날, 대학 강의를 휴강하고 밤늦게 꽃바구니를 사들고 찾아 온 사랑하는 제자"라고 소개를 했습니다. 그런데 그 때 혜선이의 표정이 굳어지면서 "목사님 저 그때 목사님한테 상처 받았었어요"합니다. 아직도 그 때 그 고마운 장면이 생생하게 떠오르는데 이게 무슨 말인가 싶었습니다. 그런데 전혀 생각지도 않았던 이야기를 합니다. 바쁜 시간 쪼개서 아이들 휴강까지 시키고 그 멀리서 예쁜 꽃바구니 사들고 스승의 날 인사드리러 허겁지겁 찾아 왔는데... 꽃바구니를 받아들고는 목사님이 "이거 니가 받은 거 아무거나 들고 온거지?"하더랍니다. 그래요. 그랬던 것 같습니다. 너무 고맙고 미안한 마음에 농담을 한다는 것이 그런 어처구니없는 말을 내뱉고 말았던 거죠. 참 못된 목사입니다. 그 자리에서 사과를 하고도 얼마나 미안하던지요.

그래서 오늘은 제가 꽃바구니 하나 사가지고 혜선이와 주미가 일하는 학원으로 갑니다. 비록 이만 원짜리 조화 꽃바구니이지만 그 속에 담긴 미안함과 고마움과 사랑의 마음은 충분히 알아주리라 믿습니다. 그들은 스승보다 나은 제자들이니까요.

# 057
# 이렇게 그리울 줄 몰랐습니다

약 일년 만에 미국의 우리 집에 우리 가족이 같이 생활을 합니다. 지난 일 년 동안 꼭 꿈을 꾼듯한 느낌도 듭니다. 일년 전에 두고 갔던 쇼파, 냉장고, 밥통, 식탁, TV 등등 가구들도 있던 그대로 있고 뒷마당의 사과나무에는 사과가 가득 열렸습니다. 뒷마당의 벤치에 앉아서 흘러간 시간들을 역류 한 듯한 묘한 느낌을 만끽해봅니다.

처음에 하루 이틀을 지내고 있으려니 다시 전에 사역하던 엘림연합교회로 예배를 드리러 가야 할 것 같은 착각이 들 정도로 모든 것이 그대로입니 다. 마치 한국에 잠시 부흥회를 다녀 온 것 같은 생각이 들 정도였습니다.

그런데 삼 일이 지나면서 내 가슴은 다시 현실로 돌아옵니다. 가끔씩 들어 오는 모리아 가족들의 카톡 메시지와 설레는 가슴으로 열어보는 이메일에 담겨진 사랑과 그리움의 소식들이 나의 뇌구조 속의 용량을 모리아교회와 부산으로 메꿔가기 시작합니다.

열흘이 지나고 이곳에서 "리엔트리 퍼밋"의 지문을 찍는 날짜 관계로 원래 계획보다 5일 정도 늦게 교회로 돌아가야 하는 상황이 되었습니다. 며칠 더 쉬고 가족들과 며칠이라도 더 있게 되니 좋을 것 같았습니다.

그런데 희한합니다. 마음이 바늘방석입니다. 빨리 돌아갈 수 없게 된 상황이 안타깝고 심란합니다. 자꾸 모리아의 가족들이 보고싶습니다.

다음 주, 한국으로 돌아가는 날, 가족들과 떨어지면서 비행기를 탈 때는 어떤 마음일지 모르지만 지금은 온통 한국의 사역과 모리아교회의 생각으로 가득합니다. 진짜로 이렇게 그리울 줄 몰랐습니다. 불과 일 년 만에 내가 부산 사람이 되고 모리아에 깊게 뿌리가 내려지게 된 것이 대견하고 기분좋게 느껴집니다.

우리집은 라스베이거스 저택이 아니라 부산의 신익아파트가 분명합니다. 모리아 가족들의 너그러움과 애틋한 사랑의 자양분이 나를 부산 사나이로 동화되게 만든 것이 확실합니다. 그래서 참 좋습니다. 진심으로 사랑합니다. 하루라도 빨리 다음 목요일이 되어서 반갑게 만나고 싶습니다.

"이렇게 그리울 줄 몰랐습니다."

# 058

## 급하게 간다고 빨리 가나

미국에 오기 전 주에 서울엘 다녀왔습니다. 교단 선교국에 네팔 라니건즈 교회 건축비를 전달하고 제자의 결혼식이 있어서 주례를 하고 돌아왔습니다. 토요일 오후라서 차가 막힐 것을 예상하고 마음 편하게 부산을 향하여 내려오고 있었습니다.

중부 내륙 고속도로를 달리는데 백미러로 눈에 띄는 차가 한대 보였습니다. 작은 승합차가 대낮인데도 라이트를 켜고 길게 늘어선 차들 사이를 이리저리 차선을 변경해가며 급하게 달려오고 있었습니다. 제 차 옆으로 왔다가 앞으로 끼어드는데 운전 실력이 예사롭지가 않았습니다. 거의 부딪힐 것 같은 거리에서도 기가 막히게 끼어들고는 이내 옆 차선으로 가서 다시 앞 차 사이를 비집고 들어갑니다. 브레이크를 밟았다 났다 하면서 곡예 운전을 합니다. 너무 위험합니다. 이럴 땐 내가 목사라도 걸판지게 욕을 한마디 해줘야 하는데... 너무 기막히게 운전을 하면서 급하게 가니까 무슨 급한일이 있나 보다 싶었습니다.

게다가 확실한 이름은 기억나지 않지만 차 옆면에 교회 이름을 새겨 넣은 교회 승합차였습니다. 욕은 고사하고 오히려 남들이 교회 욕을 할까봐 염려하며다른 차들 뒤를 따랐습니다.

한참을 달려서 선산 휴게소쯤 왔는데... 내 차 두세 대 앞에 아까 그 차가 보였습니다. 웃음이 피식 나왔습니다. 옆에서 졸고 있던 아내에게 말했습니다.

"여보 저 차 좀 봐... 그렇게 급하게 달렸으면서도 겨우 여기 와있네?"이 말을 들은 아내의 대답이 걸작입니다. "그러게 급하게 간다고 빨리 가는 거 아니더라구요."

결국 그 차는 선산 휴게소로 들어서고 저는 그냥 지나쳤기에 제 차가 그 차보다 훨씬 천천히 달렸지만 훨씬 더 빨리 집으로 돌아왔습니다. 졸다가 던진 아내의 말 한 마디가 인생의 진리를 담고 있었습니다.

"그러게.. 급하게 간다고 빨리 가는 거 아니더라구요."

# 059
## 바보 토끼 이야기

열흘도 안되는 짧은 일정이었지만 참 많은 일들과 감회가 있었습니다. 이번 미국 집회에 사랑의 도움을 주신 분들께 진심으로 감사를 드립니다. 살던 곳을 방문자로 간다는 것이 묘한 느낌을 갖게 하더군요.

제가 살던 라스베이거스는 네바다 주의 모하비 사막에 세워진 인공도시입니다. 환락의 도시라는 부정적인 이미지와는 다르게 살면 살수록 매력이 느껴지는 도시입니다. 이 다음에 많이 늙으면 다시 살고 싶다는 마음이 들기도 합니다.

라스베이거스를 벗어나 LA 쪽으로 차를 타고 달리다 보면 황량한 사막과 돌산이 끝없이 펼쳐집니다. 세계 어느 나라의 경치와도 비교할 수 없는 독특한 아름다움이 있지요. 황량함과 척박함이 주는 여백의 아름다움이 강한 중독성으로 다가옵니다.

그런데 풀 한포기 자라지 못할 것 같은 그 마른 땅에 억세게 버티고 있는 풀과 나무도 있구요. 더 놀라운 것은 그 모래 땅, 돌짝 사이에 토끼들이 산다는 것입니다. 물론 다른 지역의 토끼들에 비교하면 볼품없이 작고 비쩍 말랐습니다. 사막 산을 걷다보면 가끔씩 그 토끼들을 만나게 되는데 정말 반갑고 고맙습니다. 아마도 모든 것이 정지된 적막함에서 움직이는 생명체를 만난다는 반가움과 고마움이겠죠.

그런데 그 사막 토끼들은 참 희한한 녀석들입니다. 몇 시간만 남쪽으로 내려가면 풍성한 먹을거리가 있고 푸른 산과 맑은 물이 넘쳐흐르는 캘리포니아 땅인데 이놈들은 굳이 이 척박한 땅을 고집하며 그 땅에서 살아갑니다. 하루 종일 땡볕을 돌아다녀도 물 한모금, 먹이 한입 구하기 힘들다는 것을 알면서도 척박한 사막산에 사는 멍청한 녀석들입니다.

그런데 나는 이 비쩍 마른 멍청한 토끼 녀석들이 참 고맙습니다. 이들의 멍청한 선택이 아니었으면 이 사막산들은 살아 움직이는 것이라고는 전혀 없는 정말로 황량한 죽음의 땅이 되어버렸을 테니까요. 존재만으로도 생명의 의미를 부여하는 아름다운 사명자들입니다.

그 광활한 죽음의 땅에도 생명의 희망이 있음을 알리기 위해서 오늘도 모하비 사막을 헤매고 있을 아름다운 바보 토끼들에게 고마운 마음을 전합니다.

# 060
# 아무도 아무 말도 하지 않은 여행

지난 월요일과 화요일에 권사님들과 함께 여행을 다녀왔습니다. 교역자들의 쌓인 피로도 풀어주고 사랑의 힘을 실어주시기 위해서 권사님들이 마련한 1박 2일 여행입니다. 제가 부임한 후 처음으로 간 장거리 여행입니다.

대형버스로 영덕으로 가서 그 유명한 영덕 대게를 권사 회장님의 통큰 섬김으로 배부르게 먹었습니다. 마침 최말란 권사님의 센스있는 반찬 공수와 영덕에 사시는 최 권사님의 언니 덕에 좋은 대게와 각종 회와 요리들을 정말 맛나게 먹었습니다. 구불구불 바닷길로 백암 온천의 한화 콘도로 가서 온천도 하고 식사도 하고 손에 손을 잡고 함께 기도하고 예배하며 은혜의 밤을 편안하게 보냈습니다.

다음 날은 아침 예배를 드린 후에 포항으로 가서 죽도시장에 들렀습니다. 맛있는 물회도 먹고 재미있는 시장 구경도 하고 이어서 마지막 관광지인 호미곶으로 향했습니다. 가슴이 탁 트이는 바닷바람이 좋았습니다. 참으로 재미있고 편안하고 풍성하고 은혜로운 여행이었습니다.

그런데 호미곶을 거쳐서 부산으로 달려오면서 문득 이번 1박 2일 여행에서 특이한 점이 깨달아졌습니다. 그것은 1박 2일 동안 아무도, 아무 말도 하지 않았다는 것입니다. 20여 년 목회를 하면서 얼마나 많은 여행을 얼마나 많은 사람들과 해봤겠습니까? 그런데 이런 일은 처음인 것 같습니다. 권사님들이나 교역자들 모두가 1박 2일 동안 아무도 아무 말도 하지 않았습니다.

스케줄이 변경되어도 아무 말도 하지 않았습니다. 회장과 임원들이 이리 가자면 이리 가고 저리 가자면 저리 갑니다. 묻지도 따지지도 않고 흔쾌히 기쁨으로 따라주십니다. 주는 대로 먹고 하자는 대로 합니다. 뷔페를 먹으려다 라면을 먹어도 그저 감사함으로 맛있게 드십니다. 버스가 낡아서인지 마치 풍랑에 배를 타는 것처럼 흔들려서 반 이상이 차멀미를 했는데도 그 누구도 아무 말도 하지 않았습니다. 이런 사람들 처음 봤습니다.

단 한 명도 불평이나 요구나 투정이나 지시를 하지 않습니다. 그저 임원들을 사랑하고 신뢰하며 서로 도우면서 즐거워합니다. 웃고 노래하고 축복하고 감사하고 기뻐하며 1박 2일을 지냈습니다. 이런 것이 천국의 모습일거라 생각했습니다. 서로를 아끼며 섬기는 모습이 마치 천사들 같았습니다. 성숙한 작은 예수님들과의 여행이었기에 스트레스 제로 퍼센트의 기가 막힌 여행이었습니다.

"내가 이런 교인들의 목사인 것이 자랑스럽습니다."

# 061
## 참으로 힘나는 일입니다

요즘 가을 축복 대심방 중입니다. 가을에 시작한 대심방이지만 아무리 열심히 해도 내년 초순까지는 해야 할 것 같습니다. 멋모르고 각 가정별로 하기로 한 것 같습니다. 말씀을 준비하고 일일이 방문하여 예배하며 심방하기가 여간 버거운 것이 아닙니다. 하지만 교우들의 가정을 돌아보며 잠깐이지만 속이야기를 나누며 축복하는 것이 참 즐겁고 보람이 됩니다. 행복하게 감당하고 있습니다.

지난 주에는 더욱 힘나는 일이 있었습니다. 강애순 권사님 댁을 심방하고 예배를 드렸습니다. 20여 년 전에 남편과 사별하시고 혼자서 생활하시면서도 늘 소녀 같은 밝은 표정에 75세의 나이가 믿기지 않는 미모를 간직한 권사님이십니다. 예배를 마치고 일어서려는데 머뭇머뭇 무언가를 말씀하려다 마십니다. 그러다가 이내 "목사님 이 말씀은 꼭 드려야겠어요"하시며 용기를 내어 말씀을 하십니다. 무슨 일일까 싶어서 긴장이 됩니다.

"제가 몇 달 전부터 이유없이 밤에 잠을 못자고 가슴이 답답하고 걸음을 걸어도 발바닥이 땅에 닿는지 안 닿는지 모를 정도로 몸에 이상한 증상이 계속 되어 많이 괴로웠습니다"하고 이야기를 시작하셨습니다. 여기까지 얘기를 들으면서 속으로는 '안수기도를 해야겠구나' 하고 마음의 준비를 하면서 계속 귀를 기울였습니다.

그런데 웬일입니까? 눈가에 눈물을 글썽이시더니 "그런데 지난 주일에 하나님이 싹 고쳐 주셨습니다. 너무 신기하고 감사해서 말씀을 드리는 겁니다" 하시면서 이어서 특유의 환한 미소를 지으시며 설명을 하십니다.

"지난 주일 대예배 시간에 목사님의 목회기도를 듣고 파송찬양을 드리는데 눈물이 솟아나고 가슴이 펑 뚫리고 뜨거워지더니 완전히 나았습니다. 목사님 감사합니다" 하시며 고개를 숙여 인사를 하셨습니다.

제가 받을 인사가 아니기에 손사래를 치면서 "하나님의 성령께서 하신 일입니다" 하고 말씀을 드리는데 옆에 있던 심방대원들이 누가 먼저랄 것도 없이 하나님께 감사와 영광의 박수를 올려 드렸습니다. 우리 교회 예배 가운데 성령님의 치유의 역사들이 계속 나타나고 있음이 참으로 감사했습니다.

살아계신 하나님께서 우리 교회를 통하여, 주의 종을 통하여 역사하심에 가슴이 뜨거워지고 전율이 흐르는 아름다운 간증입니다.

"참으로 힘나는 일입니다!"

# 062

# 꼭 한번 놀러 갈게요

지난 주에도 시간이 있을 때마다 체육관에 가서 운동을 했습니다. 몇 개월을 꾸준하게 운동을 하면서 몸도 마음도 건강해진 것 같아서 좋았고 사우나에서 근무하시는 세신사 아저씨와 친해지게 된 것도 나름의 즐거움이었습니다. 숫기없는 저로서는 이런 일이 처음이었거든요.

한참 운동을 하고 있었습니다. 세신사 아저씨가 헬스클럽엘 올라왔습니다. 역기 의자에 앉아서 땀을 닦고 있는데 제 무릎에 손을 얹으며 앉으시더니 느닷없이 "그 동안 고마웠어요" 하시는 겁니다. 느낌이 이상해서 "왜요? 무슨 일 있어요? 어디로 떠나시나요?" 했더니 눈망울이 벌게지면서 내일 다른 도시로 떠나게 되었답니다. 이내 눈물을 줄줄 흘리시면서 고마움의 인사를 전합니다. 남자 어르신들이 우는 모습은 더욱 슬프고 불쌍한 마음이 들지요.

대구에서 작은 봉제공장을 운영했었는데 사업이 기울고 부도가 나서 완전히 망하고 생계를 위해서 목욕탕 때밀이를 시작하셨답니다. 대구에서는 아는 사람들을 만나면 창피하기도 하고 자존심도 상했답니다. 그래서 사람들의 눈을 피해 부산까지 혼자 내려와서 월세방에서 끼니를 때우며 돈을 벌어서 가족들에게 보내면서 열심히 살았는데 이제 나이가 들어 때밀이를 하기가 체력적으로 너무 힘들어서 구두를 닦는 일이 생겨 옮겨 가신답니다.

여기까지 말씀하시고는 주변 사람들을 아랑곳하지 않고 울음이 터져버렸습니다. 마치 초상집에서 곡을 하듯이 "그 동안 너무 고마웠는데~ 김치랑 밑반찬도 싸다 주고~ 떡도 싸다 주고~ 같이 얘기도 해주고~ 때밀이라고 무시하지도 않고~ 친구처럼~ 형제처럼 대해줬는데~"하며 흐느끼며 우셨습니다.

어찌할 바를 몰라서 어깨를 잡아드리며 "아니예요. 오히려 제가 고마웠어요. 한번 놀러 갈게요"했습니다. 별로 잘해드린 것도 없는데 오히려 내가 운동을 하고 나면 음료수도 꺼내 주시고 구두를 한번 닦아도 더 정성스레 닦아주시고 정으로 대해 주셨던 분이신데... 저더러 고맙다고 그렇게 우시니 몸둘 바를 모르겠습니다. 그저 한 가지, 그분을 직업이나 여건이 아니라 하나님의 형상으로 보고 존경한 것 뿐인데 그것이 그렇게 희귀한 일이고 고마운 일이었나 봅니다. 그 당연한 일에 이렇게 고마워하시는 것이 오히려 묘한 아리함으로 가슴을 파고듭니다.

"아무튼 아저씨! 꼭 한번 놀러 갈게요."

# 063

# 철없는 남편 목사님

지난 주간에 제 생일이 지났습니다. 만 50세 생일이 지난거죠. 미국에서 아들놈이 전화를 해서는 축하를 한다는 것이 "아빠 축하해요. 이제 미국나이도 50대, 한국 나이도 50대! 큭큭큭 확실하게 50대가 되셨습니다!" 하면서 놀리더군요. 싫지 않은 놀림을 뒤로 하고 남자로서 가장 멋있는 나이인 50대의 인생을 시작합니다.

이번 생일에는 참 많은 축하와 특별한 선물들을 받았습니다. 교회에서 사랑하는 성도들로부터 애틋하고 진심어린 축하와 축복을 비롯해서 이런 저런 과분한 사랑을 받아 몸둘 바를 모르겠습니다. 특히 풍선과 사진, 각종 축하 장식으로 목양실을 초토화시킨 양육반 제자들의 마음의 선물은 그 수고와 사랑에 미안한 마음이 들 정도였습니다. 더 열심히 살고 사명을 잘 감당하라는 격려로 알고 최선을 다하겠습니다. 참 힘나는 한 주간이었습니다.

하영이와 아내가 "우리는 이번 생일에 선물 뭐해 줄까?" 합니다. 아무리 생각해도 절실하게 필요한 것이 별로 없습니다. 그야말로 다 가지고 있습니다. 그러다가 느닷없이 어릴 적부터 갖고 싶었던 한 가지가 생각났습니다.

바로 아이들이 가지고 노는 장난감 권총이었습니다. '비비탄'이라는 하얀 총알을 넣어 쏠 수 있는 비비권총이 늘 선망의 대상 이었지요.

가난한 어린 시절, 부잣집 아이들이 프라스틱 비비권총을 가지고 놀 때 나는 나무젓가락으로 고무줄 권총을 만들어서 파리를 잡으며 놀곤 했었지요. 그 시절을 보상이라도 받으려는 듯 막무가내로 그 총을 사달라고 졸랐습니다. 하영이의 수고로 드디어 비비탄 장난감 권총이 집으로 배달이 되었습니다. 모양이 진짜 45구경 권총과 똑같습니다. 표적판과 보안경 그리고 실탄도 3200발이나 왔습니다. 드디어 어릴적 꿈이 이루어졌습니다. 비비탄을 장전하고 어린아이처럼 들떠서 사격을 시작했습니다. 가족들은 권총을 들고 집안 이리저리를 쏘아 대는 50대 아빠의 모습을 지켜보면서 함께 웃으며 즐거워합니다. 그런데 거울에 비친 내 모습이 가관입니다. 속옷 차림에 투명 보안경을 쓰고 장난감 권총을 쏘면서 놀고 있는 50대 중년 목사님의 모습이 참 한심합니다.

그런데 그 날 그 한심한 장면을 아내는 페이스북에 이렇게 적어 놓았더군요.

사랑하는 울 남편의 50번째 생신날! 딸내미가 사준 비비권총을 받고 어린아이 같이 좋아하며 집안 곳곳에 총알을 날려놓더니 이 예쁜 케이크를 발로 박수를 쳐서 꺼주신다.
이분 우리 집 큰아들 맞다. 여보, 생일 축하하고 많이 사랑해요.
언제나 어린 아이와 같은 순수한 마음으로 하나님 앞에 그렇게 서 있읍시다.

다행히 그리 흉하지는 않았나봅니다.

# 064

# 아버지의 빈 자리

지난 설날에 우리 집에 모였던 가족들이 올 추석에는 온 가족이 다 모여서 가족수련회 형태의 가족모임을 갖자는 계획을 했었습니다. 말로만 끝날 것 같았던 그 계획이 이번 추석에 실제로 이루어졌습니다. 그야말로 10여 년 만에 우리 가족의 꿈이 이루어진겁니다.

친척이 운영하는 회사의 수양관을 통째로 빌려서 2박 3일 간의 가족 모임을 가졌습니다. 우리는 월삭예배로 인해서 하루 늦게 합류했지만 너무나 뜻깊고 재미있고 힘나는 가족 수련회였습니다.

우리 하영이가 페이스북에 가족사진과 함께 "이렇게 행복하고 화목한 가정에 태어나게 하심을 감사, 또 감사"라고 썼더군요. 정말 그랬습니다.

우리 아버지와 작은 아버지들을 1세대로, 저의 형제와 사촌들을 2세대로, 우리의 자녀들을 3세대로 분류하여 모임을 가졌습니다. 우리 가족의 전체 인원이 무려 43명이나 되더군요. 그 중에 미국, 영국, 필리핀 등 외국에 나가있는 가족들을 제외한 34명의 가족들이 모두 모였습니다. 34명의 대가족이 가족세미나를 겸한 예배를 드리고 미국식 바비큐파티에 윷놀이, 노래자랑 등을 하면서 즐거운 시간을 가졌습니다. 박 씨 가족들은 물론이고 며느리, 사위와 손자, 외손자들까지 모두 모인 대가족 모임이었지만 누구 하나 얼굴 붉히는 일 없이 행복하기만 한 아름다운 모임이었습니다.

가족 모임에서 가족사진 촬영은 빠질 수 없는 프로그램이지요. 웬만한 놀이보다도 재미있게 가족사진을 찍었습니다. 그리곤 사진기를 든 사촌 동생이 이제는 세대별로 사진을 찍자고 제안을 했습니다. 1세대가 먼저 포즈를 취합니다. 세 분의 작은 아버지와 작은 어머니들이 서고 둘째 작은 아버지는 뇌출혈 후유증으로 휠체어에 앉아서 가운데에 자리를 잡으셨습니다. 뒤늦게 어머니가 작은 아버지 옆으로 가서 서셨습니다. 그런데 가만히 보니 우리 어머니만 짝이 없으셨습니다. 둘째 작은 아버지의 휠체어 옆에 어정쩡하게 서계시다가 팔을 처리하기가 어색하셨던지 작은 아버지 어깨 위로 손을 얹으시더군요. 그때 뒤에 있던 둘째 작은어머니가 농담을 던집니다. "어째 내 신랑 어깨에 손을 얹어요?" 주변의 가족들이 깔깔 웃으며 맞장구를 칩니다. 그런데 어머니의 표정은 농담으로 받는 것 같지 않습니다. 싸늘하고 썰렁한 표정입니다. 묘한 분위기와 어머니의 허전한 마음이 읽혀집니다. 얼른 제가 뛰어들었지요. 엄마 어깨를 감싸 안으며 "여긴 내가 서면 되겠네!"하고 1세대 사진을 함께 찍었습니다. 나름 아버지 역할을 했습니다.

그런데... 그래도 아버지는 없었습니다.

# 065
## 사람이 눈보다 아름다워

지난 주말에 미국에서 학교를 다니고 있던 아들이 잠시 한국으로 들어왔습니다. 갑자기 자기의 고향인 춘천에 꼭 가보고 싶다고 해서 어쩔 수 없이 바쁜 시간을 쪼개어 춘천에 가기로 했습니다. 마침 군목으로 있는 후배 목사님이 기꺼이 홍천 비발디 콘도를 예약해 주었습니다. 아름다운 스키장의 설경과 럭셔리한 시설에 그 간의 피로가 확 풀리는 기분이었습니다.

요즘 연평도 사건으로 나라 전체가 시끄럽고 특히 군인은 준 비상 상황이었는데도 불구하고 군목 후배의 가족들이 부평에서부터 한걸음에 달려왔습니다. 그러고는 이번 기회에 형님네 가족에게 식사 한 끼 대접하고 싶어서 온 거라고 합니다.

" 무슨 소리야, 밥은 내가 사야지~"하며 반갑게 맞이하고 보니 커다란 아이스 박스에 저녁거리를 이미 마련해가지고 왔습니다. 김밥, 홍어무침,

파전, 풋고추, 어묵탕, 양장피, 현미밥... 다 기억하기도 어려울 정도로 여러 가지 메뉴의 진수성찬을 준비해왔습니다. 풍성한 식탁에 감격하며 깊은 사랑의 식사를 했지요.

오랜만에 아이들과 볼링도 하고 게임장에서 총쏘기도 해보고 보기만 해도 신바람나는 스키장의 눈밭을 거닐기도 하며 모처럼 즐거운 휴가를 보냈습니다. 따뜻한 커피 한 잔을 마지막으로 늦은 밤 후배 가족은 아쉬움을 뒤로 하고 부평으로 떠났습니다.

식어버린 커피를 한 모금 머금고 거실의 창 밖으로 펼쳐지는 야간 스키징을 바라봤습니다. 순백의 단아함 속에 덮여있는 화려함에 넋을 놓고 보고 있는데...

문득, "난 참 행복한 사람이다"라는 생각이 들었습니다. 휴가나 아름다운 경치와 좋은 시설, 재밌는 놀이 때문이 아니라 내 주위에 이렇게 좋은 사람들이 있다는 것이 텅 빈 가슴을 가득 채우는 행복감을 갖게 했습니다.

세상 노래 중에 이런 노래가 있지요? "사람이 꽃보다 아름다워~" 아름다운 스키장에서 제가 다시 불러 봅니다.


"사람이 눈보다 아름다워~"

# 066
# 드디어 고백했네요

2012년의 마지막 주일입니다. 한 해를 보낼 때마다 늘 "다사다난했던 한해였다"고 말들 하지만 올해야 말로 많은 일들이 있었습니다. 런던 올림픽이 올해, 불과 4개월 전에 있었던 일이라는 것에 "그런가?" 싶을 정도로 바쁘게 많은 일들을 하며 지냈던 것 같습니다.

지난 한 해를 뒤돌아보며 나름 열심히 살았던 많은 일들과 극복하고 회복케 하셨던 감사의 조건들로 인해서 안도감과 위로를 받습니다. 한 해의 마지막 주를 보내면서 꼭 해야 했는데 하지 못한 일에 대한 반성의 시간도 가져봅니다. 이것저것 생각나는 것들이 있습니다.

그런데 며칠 전부터 마음에 뚜렷하게 걸리는 것이 있습니다. 어머니에 관한 것입니다. 모든 어머니들이 그랬겠지만 제 어머니는 특히 고생을 많이 하시며 나를 키우시고 우리 가정을 세워오셨습니다. 아직도 어릴 적 어머니를 생각하면 가슴이 아려옵니다. 장정이 들어도 무거운 녹색 화장품 가방을 양손에 들고 또 하나를 어깨에 가로 메고 봉천동 산동네 가파른 계단을 올라 다니며 장사를 하셨습니다. 개에게 물리기도 하셨고 어떤 날은 넘어져서 얼굴을 다치기도 하셨지요. 식은 밥과 상한 음식을 주식인양 드시고 구멍난 옷과 양말에 낡은 천을 덧대 입으시며 우리를 키우셨습니다. 그런데 그 어머니께 아직도 사랑한다는 말 한마디를 직접 해본 적이 없는 것이 생각이 난 것입니다. 새벽에 어머니를 위해 기도하면서 올해가 가기 전에 꼭 어머니께 사랑한다고 고백을 해야겠다고 마음을 먹었습니다.

그 날부터 며칠을 엄마께 안부전화 드릴 때마다 전전긍긍합니다. "엄마! 사랑해요"하고 고백을 해야 하는데 통 용기가 나질 않습니다. 워낙 살갑지 않은 성격에 나이 오십 넘어서 안하던 짓을 하려니 여간 어려운 게 아닙니다. 그저께도 어제도 딴소리만 하다가 전화를 끊었습니다.

금요일 아침에 양육반을 마치고 안부전화를 드렸지요. 마침 어머니가 부산에 한번 오시겠답니다. 그말 뒤를 이어서 벼르고 벼르던 미션을 수행합니다. "그래요? 잘 하셨슈~ 이번엔 엄마가 더 기다려지네유~" 어색한 말을 하려니 사투리가 더 진하게 나옵니다. "엄마! 근데...나이를 먹어가면서 점점 더 엄마가 좋아져유~" 엄마도 어색하신 듯 "그려~" 하시면서 웃으십니다. 그리곤 장난스러운 말투지만 분명하게 고백을 했습니다. "엄마! 사랑해요~" 엄마는 잠시 멈칫 하시고는 못들은 척 다른 말씀을 하십니다. "근데, 우리 집이 비어서 니네 집에 오래는 못 있어~" 서로 어색하고 오글거리는 순간이었지만 가슴이 뻥 뚫리는 행복한 시간이었습니다.

# 067

# 중이 제 머리 못 깎는다?

지난 월요일 이었습니다. 운동을 마치고 사우나 평상에 앉아서 땀을 식히고 있는데 승복을 입은 스님 한 분이 들어왔습니다. 승려가 승복을 입고 목욕탕에 들어오는 건 자주 볼 수 없는 장면이지요. 아무튼 목사와 스님이 벌거벗고 만나는 역사적인 순간이 연출되었습니다. 그 분이 목욕탕 안으로 들어가고 잠시 후에 저도 탕으로 들어갔습니다.

그리곤 처음 보는 나름 신기한 장면을 목격했습니다. 그 스님이 자기 머리에 비누칠을 꼼꼼하게 하더군요. 처음에는 그저 머리를 감으려는 줄 알았습니다. 그런데 아니었습니다. 이내 면도기를 꺼내더니 면도기로 머리를 밀기 시작하는 것이었습니다. 너무나 자연스럽고 능숙하게 면도기를 헹구며 머리를 밀고 있었습니다. 앞머리부터 시작해서 점점 위와 옆으로 머리를 밀었습니다. 앞과 옆은 그렇다 치고 뒷머리는 어쩌려나 싶어서 계속 힐끔힐끔 쳐다보고 있었습니다. 잘 안되면 내가 좀 밀어드릴까 하는 재미있는 생각도 했습니다. 그런데 너무나 익숙하게 뒷머리마저도 쓱쓱 밀더니 말끔하게 삭발을 끝내고는 푸덕푸덕 씻고 냉탕 안으로 들어갔습니다.

그 동안의 고정 관념이 여지없이 무너져버리는 순간이었습니다. 옛 어른들은 스스로가 할 수 없는 난감한 일들을 회피하는 핑계로 종종 "중이 제 머리 못 깎는다"고 이야기했었습니다. 그런데 아닙니다. 저는 오늘 분명히 봤습니다. 중이 제 머리를 깎는 장면을 분명히 봤습니다. 그것도 아주 능숙하고 자연스럽고 수월하게 훌떡 깎아버리는 장면을 말입니다. 세월이 지나면 당연했던 이론이나 고정관념들도 변하는 것인 모양입니다. 이제 면도기의 발달로 인하여 "중도 제 머리를 잘 깎는다"로 속담을 바꿔야할 것 같습니다.

목욕을 마치고 나와서 드라이어로 머리를 말리면서 문득 이런 생각이 들었습니다.

"중은 제 머리를 잘 깎는데... 목사는?"

나는 스스로 내 머리를 절대 못 깎습니다. 중은 제 머리를 잘 깎는데 목사는 제 머리를 못깎는다는 새로운 진리를 발견했습니다. 그렇습니다. 목사는 다른 사람의 도움없이는 아무것도 못하는 나약한 존재였습니다.

"누가 오늘 덥수룩한 내 머리 좀 깎아주세요!"

# 068
# 내 말이 먹혔습니다

오래 전부터 외도를 가보고 싶었습니다. 어느 장로님에 의해서 만들어진 개인 소유의 섬인데 대단히 아름답다는 이야기를 여러 번 들었습니다. 마침 지난 월요일에 시간이 나서 거제도를 거쳐서 외도엘 다녀오기로 했습니다. 삶은 고구마와 빵 몇 개를 간식으로 챙겨 들고는 들뜬 마음으로 집을 나섰습니다. 한 시간 남짓 걸려서 장승포항에 도착을 했지요. 비가 오락가락 했지만 다행히 배는 뜬다고 하더군요. 그런데 시간이 갈수록 빗줄기가 굵어지기 시작합니다. 약간 불안하기는 했지만 이미 예약을 한터라 배에 올랐습니다. 배가 막 떠날 때 즈음에는 비가 후드득 후드득 제법 강하게 쏟아지더니 이내 바람까지 불기 시작합니다. 선장님이 마이크를 잡고는 승객들을 안심시키려는 듯 농담을 섞어가며 외도에 관한 설명을 합니다. 비가 오는 날은 외도에는 바람이 많이 불어서 우산으로는 감당이 안되니 비치되어 있는 비옷을 사야 한다는 말도 잊지 않았습니다. 한 10여 분이 지났는데 비바람치는 것이 심상치가 않습니다. 100명 가까운 승객들이 있었는데 누구하나 웃는 사람이 없습니다. 배가 심하게 흔들려서 그런지 벌써 배 멀미를 하는 사람들이 생겼습니다. 여기저기서 비닐봉지를 달라고 합니다. 선장은 다시 마이크를 잡고는 의자 밑에 구명조끼가 있다면서 그걸 입으면 수영을 못해도 바다에 하루 정도는 떠있을 수 있다며 염려 말라고 우스갯소리를 합니다. 그 말에 오히려 더 긴장이 됩니다. 비바람을 헤치고 한 5분 정도를 더 갔는데 이제는 높은 파도에 배가 붕 떴다가 툭 떨어집니다. 오금이 저립니다. 거센 빗줄기와 파도는 배의 창문 너머까지 들이칩니다. 배가 너무 심하게 흔들려서 모두의 마음은 두려움으로 가득합니다. 의자 손잡이를 힘껏 움켜잡고 있는 아내와 하영이를 봤습니다. 얼굴이 하얗게 질려있습니다. 승객들 모두가 그렇습니다.

선장이 어딘가에 무선 수신을 하더니 다시 마이크를 잡고 한 15분 이상을 더가야되는데 아무래도 해금강과 외도를 관광하기가 어려울 것 같은데 어쩌면좋을지 모르겠답니다. 그말에 나도 모르게 "이정도 날씨면 배를 띄우지를 말았어야지요!" 하고 항의를 했습니다. 지금까지 살아오면서 공개적으로, 대표로 무슨 말을 한 것이 제 기억으로는 처음입니다. 그만큼 절박했습니다. 조금더 용기를 내서 한 마디 더 했습니다. "목숨 걸고 구경할 일이 뭐 있습니까? 돌아들 갑시다!" 그런데 그 말이 먹혔습니다. 그 말에 선장님은 "다들 괜찮으시죠? 그럼 그럽시다" 하면서 서서히 배를 돌렸습니다. 다시 항구로 돌아와 땅을 밟는 순간 안도의 한숨과 감사가 나왔습니다.

환불을 받고 나오면서 "이 사람들 내 덕에 살아 난거야..." 하고는 같이 웃었습니다. 약 40분 정도 되는 짧은 순간에 참 많은 것을 배우고 깨달았습니다. 생명의 중요성과 자연 앞에서의 인간의 나약함은 물론이고 가끔 할 말은 하며살아야 한다는 것도 배웠습니다.

# 069

# 목사와 로또복권

지난 주간에 미국 뉴저지에서 목회를 하고 있던 절친한 후배 목사님이 한국에 왔습니다. 안식년을 맞이해서 목회와 삶의 재충전을 위해 DTS 훈련을 받기로 했답니다. 어려운 이민 목회를 감당하기 위해서 뉴욕에서 택시 드라이버를 하면서 사명을 감당하고 있는 존경스러운 목사입니다.

가장 먼저 부산으로 왔습니다. 안팎으로 지쳐있는 모습에 마음이 아팠습니다. 며칠을 함께 지내면서 서로를 위로하고 격려하고 사역적인 정리를 하고 새로운 계획도 세우는 좋은 기회가 되었습니다. 사실은 내가 겪은 어려움들은 말도 꺼내지 못했습니다. 그 정도의 일로 어렵다고 말하는 것이 사치스럽고 미안할 정도로 후배 목사님은 많은 고난을 겪고 있었습니다.

함께 기도도 하고 웃기도 하고 눈물을 흘리기도 하고 한숨도 쉬다가 분노를 삭이려고 잠시 말을 멈추기도 하고 공연히 텔레비전을 켰다가 끄기도 하고 벌컥벌컥 물도 마시고 차근차근 설명을 하다가 횡설수설하기도 하고 또 잠시 멈추고 한숨을 푹 내쉽니다. 그리곤 결론이 "다 내가 부족해서 그렇지요..."합니다. 내가 보기는 후배 목사님만 정상이고 오히려 주변 사람들이 문제인것이 분명한데 그렇게 다 끌어안아버리고 맙니다.

다음 날, 평생 한번도 건강검진을 해본 적이 없다면서 약간 두려운 마음으로 병원을 향합니다. "제가 건강검진을 다 해보네요" 하면서 고마워하는 모습에 많이 미안했습니다. 그러다가 차 안에서 느닷없이 "형! 로또복권 사봤어요?" 합니다. 미처 대답하기도 전에 "나는 한 번도 안사 봤어요" 하면서 자기는 로또를 사면 분명히 당첨이 된답니다. 미국 로또니까 대충 200억 원 정도는 될 것이고 그 돈을 가지면 돈 걱정 없이 평생을 살고도 남을 거라는 겁니다. 그런데 자기는 절대로 로또를 사진 않을거랍니다. 그 이유는 로또 복권에 당첨되어서 부자가 되면 자기의 성향으로 볼 때 목회를 하지 않고 딴 길로 갈 것이 분명하기 때문이랍니다. 그의 장난기 섞인 이야기에 '얼마나 재정적인 압박이 크기에 이런 생각까지 했을까?' 하는 측은한 마음도 들었지만 목회를 향한 그 소신이 귀하게 느껴졌습니다. 작고 어려운 교회의 목회를 위해서 로또 대박의 기회를 완전히 차단해 버리는 그의 소명 의식을 보면서 싱그러운 흐뭇함이 가슴에 차오릅니다.

말도 안되는 논리와 어설픈 농담으로 시작된 후배 목사의 로또이야기가 목회 사역에 대한 나의 부끄러운 소명 의식을 뒤돌아보게 합니다. 얼마 전에 아내에게 "목회 그만하고 우리, 국수장사나 할까?" 했다가 핀잔을 들은 적이 있었거든요. 물론 농담이었습니다.

# 070
# 역시 어른이십니다

지난 목요일은 감격스럽고 행복한 날이었습니다. 부산 롯데호텔 직장선교회의 창립 1주년 기념 감사예배가 있던 날이었지요. 전통적으로 불교세가 강하고 기독교 복음화율이 전국 최저라는 안타까운 현실을 극복하고 부산 복음화율 51%를 소망하며 시작한 부산 롯데호텔 직장선교회 사역이 벌써 1년이 되었습니다.

지난 1년 동안 한 주도 빠짐없이 하나님을 향한 예배를 드릴 수 있었음이 감격스럽습니다. 일반 직장과는 다른 근무 환경으로 인해 함께 모여서 예배드리기가 수월치는 않았습니다. 때론 2~3명 정도가 모여서 예배를 드릴 때도 있었지요. 그러나 예배의 인원수보다 그 곳이 예배의 처소가 된 것에 감사하며 은혜로운 예배를 올려드렸었습니다. 창립 1주년 감사예배를 위해서 서울로 발령을 받으신 이동호 사장님 부부도 열일 제치고 참석하셨습니다. 사장님의 초청으로 롯데호텔에서 저녁식사를 함께 했지요. 창립 예배에서 말씀을 전해주셨던 호산나 교회의 최홍준 목사님 부부와 호텔의 총지배인 부부도 함께 했습니다. 괴정동 돼지국밥에 익숙해진 저로서는 부담스런 식사였지만 1년 간의 수고에 대한 하나님의 칭찬으로 알고 맛나게 먹었습니다. 품격 있는 서비스와 고급스러운 식사도 좋았지만 사역적으로나 사회적으로 큰 영향력을 가진 분들과의 긴장감있는 만남 또한 감사했습니다. 적절한 룰들을 지켜가며 나누는 적당한 유머와 풋풋한 감동이 넘치는 대화에 시간가는 줄 몰랐습니다. 참 배울 점이 많은 분들입니다.

거의 식사를 마칠 즈음에 호텔의 쉐프 두 분이 인사차 방으로 들어왔습니다. 하얀 가운에 높은 주방장 모자가 잘 어울리는 최고의 요리사가 들어와서 인사를 하며 음식에 대해 간략하게 설명을 합니다. 이때 제 머리 속에는 약간의 혼란이 찾아옵니다. 저의 어설픈 상식으로는 이럴 때는 감사의 표시로 쉐프에게 사례를 하는 것이 예의라고 알고 있습니다. 그렇다고 내가 하기도 주제넘은 일이고 만약 한다고 해도 얼마를 해야 하는지도 모르겠는 상황이었습니다. 그런 상황을 아시는지 모르시는지 최홍준 목사님이 여유롭게 인사를 나누고는 자연스럽게 복음을 전합니다. 그러던 중 주방장님들께 느닷없이 자녀들이 몇이냐고 묻습니다. 한분의 자녀는 막내가 대학생이고 또 다른 한 분은 중3인 아이가 있답니다. 그 때 최 목사님은 지갑을 열어서 오만 원 권 두 장을 꺼내어 "그 막내아이들에게 원로목사가 주더라고 전해주세요" 하면서 팁을 주십니다. 마치 할아버지가 사랑하는 손자에게 용돈을 주시듯 진짜 정감있고 감사한 마음이 들게 만드는 멋진 모습입니다. 참 기막힌 타이밍에 기막힌 분위기 조절입니다. 최 목사님의 모습이 어찌나 멋있고 품위가 있는지 내가 주방장님들의 입장이라면 예수 믿고 싶었을 것 같습니다.

"역시... 어른이십니다."

# 071

# 정말 아무도 모르더군요

몇 주 전에 실수로 제 눈썹을 밀었던 일이 있었습니다. 헬스장에서 운동을 하는데 그날따라 자꾸 운동에 욕심이 생겼습니다. 원래 하던 것보다 역기도 많이 들고 아령도 과하게 했지요. 운동을 하시는 분들은 아시겠지만 심한 운동으로 근육이 땡기는 약간의 통증이 묘한 쾌감을 주기도 하지요. 아마도 제가 그것을 즐기고 싶었나 봅니다.

그날은 운동을 너무 심하게 했는지 샤워를 하는데 팔이 후들후들 떨렸습니다. 그 후들거리는 팔로 겨우 몸에 비누칠을 하고 이제 면도를 하려는데 거울에 비친 눈썹이 너무 퍼지고 길어서 다듬어야 될 것 같았습니다. 가끔씩 눈썹 밑 눈꺼풀에 보기 싫게 자란 눈썹들을 정리하곤 했었거든요. 면도를 하던 중이라 얼굴과 면도기에 비누 거품도 있고 팔도 후들거려서 더욱 조심스럽게 눈썹을 정리하기 시작했습니다. 한쪽 눈을 찡끗 감고 면도기를 눈꺼풀에 갖다 댔지요. 쓱 긁어내리는데 에구구 그만 야속한 면도기가 본 눈썹을 밀어버린 것입니다. 정확하게 오른쪽 눈썹 끝 사분의 일 정도가 잘라져 나갔습니다. 급하게 면도와 샤워를 마치고 거울을 보는데 아무리 봐도 너무 보기가 흉했습니다. 눈썹을 펜슬로 살짝 그려야 하나 아니면 왼쪽 눈썹도 조금 잘라내서 균형을 맞춰야 하나 심각하게 고민을 하면서 시간만 나면 거울을 꺼내보며 탄식을 했습니다.

그런데 집으로 와서 아내를 만났는데 눈썹에 대해서 아무 말을 안합니다. 딸 하영이도 아무 관심이 없습니다. 저도 일부러 말을 하지 않았습니다. 그렇게 며칠이 지났습니다. 교회에도 갔는데 그 어느 누구도 제 눈썹이 잘린 것을 모릅니다. 아무도 모릅니다. 아무 관심도 없습니다. 전혀 모릅니다. 다른 사람들의 눈에는 아무 표시도 안났나 봅니다.

이런 생각이 났습니다. 군에 있을 때 휴가 나오기 며칠 전부터 날짜를 맞춰가며 조금이라도 머리를 더 기르고 나오려고 노력했었습니다. 그런데 그렇게 노력을 해서 머리를 조금 더 기르고 휴가를 나와도 그 노력은 아무도 모릅니다. 아무 관심도 없습니다. 전혀 모릅니다. 다른 사람들의 눈에는 아무 표시도 안났습니다.

우리는 가끔 아무도 모르는 자기만의 일로 인해서 신경쓰고 걱정하고 힘들어하는 경우가 있습니다. 그런데 내가 그토록 걱정하던 일, 내 심각한 약점이나 다른 사람에게 감추고 싶어서 고민하던 일들의 대부분은 정말로 아무도 모릅니다. 아무 관심도 없습니다. 전혀 모릅니다. 다른 사람들의 눈에는 아무 표시도 안납니다. 이것을 깨닫고 나니 훨씬 제 마음이 편해졌습니다.

# 072

# 치사빵꾸 박 목사님

지난 금요일 성령집회는 연합구역예배로 모였습니다. 예배 뒷부분에 헌금을 드리는 시간이 있지요. 설교를 마치고 자리에 앉았는데 사회를 보는 이중호 목사님이 헌금 순서를 잊고 바로 기도회를 인도하려 합니다. 작은 소리로 헌금시간이 있음을 알려주었지요. 순서를 정정하고 찬송을 부르며 헌금을 드리기 시작했습니다. 문제는 여기서부터 시작되었습니다.

저도 헌금을 드리기 위해서 지갑을 꺼냈습니다. 손을 최대한 의자 밑으로 내리고 지갑을 열어보니 지폐가 딱 두 장 남아 있었습니다. 천 원짜리 한 장과 만 원짜리 한 장입니다. 순간 마음에 갈등이 생기더군요.

"천 원을 해야 하나? 만 원을 해야 하나?"

순간의 갈등을 뒤로 하고 제 손은 천 원짜리를 슬쩍 움켜잡아 지갑에서 꺼내고 있었습니다. 목사도 이렇습니다.

그런데 찬송가 2절을 부르면서 헌금 위원이 앞으로 나아오기 시작하는 순간에 어린 아이들이 놀면서 욕하는 듯 던지는 "치사빵꾸"라는 말이 떠올랐습니다. 그리고 그날 새벽에 있었던 청년 엘더 양육반 강의 내용이 "넉넉한 사람"이 되라는 주제였음도 생각났습니다. 사람들에게 인색하면 안되고 하나님께 드리는 헌금도 넉넉해야 한다고 천연덕스럽게 가르치고는 나는 천 원짜리를 선택했던 것입니다. 왜 이런 인색한 선택을 했는지 모르겠습니다. 아마도 말씀을 삶에 적용시키시는 시험이었던 것 같습니다.

마음의 갈등과 양심의 가책이 다시 불 일 듯 일어납니다. 찬송가 3절이 시작될 즈음에 다시 지갑을 꺼냅니다. 천 원권과 만 원권을 바꿔들었습니다. 바꿔들고 나니 이상하게 더 부끄러워지고 민망하고 죄송한 마음이 듭니다. 잠시나의 치사하고 인색한 결정에 대해서 간략하지만 진심 어린 회개를 했습니다.

성도들이 드린 헌금에 대한 감사와 축복의 기도를 하고 자리에 앉았습니다. 피식 웃음이 납니다. 아마도 계산적이고 인색한 자신에 대한 반성의 의미와 작은 시험이지만 잘 이겼다는 안도의 웃음이었을 겁니다. 그리고 인간 본연의 욕심에 관한 우스운 콩트 사건에 대한 엔딩 싸인이었겠지요.

절대로 천 원권으로 헌금하는 것에 대한 비난의 이야기가 아니고 단순히 나에게 있었던 내 상황과 마음에 관한 이야기이었음을 이해하시리라 믿습니다. 아무튼 저는 참 "치사빵꾸"한 박 목사입니다.

# 073
## 꿈보다 해몽

저와 제 아내는 학생들 만큼이나 방학을 좋아합니다. 어떨 때는 마치 방학을 기다리며 사는 사람들 같기도 합니다. 아이들 때문이지요. 미국에 있는 아이들이 집으로 돌아와서 네 식구가 함께 웃고 떠들며 함께 할 때는 정말 살맛납니다. 이번에도 삼 주간의 짧은 행복을 만끽했습니다. 의환이가 시차 적응이 잘 안돼서 낮엔 자고 있고 밤엔 깨있는 경우가 많았고 나도 늘 바빴지만 틈틈이 맛있는 것도 먹으러 가고 영화도 보고 앞 날에 대한 속깊은 대화도 하면서 행복한 시간을 보냈습니다.

우리 식구는 모이면 참 많이 웃습니다. 장난도 좋아하고 농담도 좋아해서 박장대소를 할 때가 많지요. 방학이 좀더 길었으면 좋겠습니다. 사실 의환이가 지난 토요일에 출국을 해야 하는데 금요일에 배탈이 나서 무척 아팠습니다. 아파서 맥을 못 추는 아들을 뒤로 하고 집을 나섰는데 여러 가지 걱정이 앞섭니다. JSTV 방송 영상부흥회를 마치고 극동방송국을 가려는데 아내에게서 전화가 걸려옵니다. "의환이가 너무 아프다고 아빠한테 기도 좀 해달래요" 번영로의 도로변에 차를 세우고는 엄마 손을 배에 대라고 하고는 전화를 통해서 간절하게 기도를 했습니다. 마음은 안타까웠지만 아빠에게 기도를 부탁하고 전화로 기도를 받는 대학생 아들의 순수한 신앙에 흐뭇한 마음도 들었습니다.

방송을 마치고 집에 들어가 보니 아들의 몸 상태가 영 아닙니다. 학교도 중요하지만 이대로 미국에 혼자 들여보낼 수 없다는 생각이 들었습니다. 항공사에 전화를 해서 일단 비행기 스케줄을 화요일 출국으로 바꿨습니다. 월요일부터 수업이 시작되어서 곤란하다고 하면서도 가족들 모두가 일단 조금이라도 더 같이 있을 수 있어서 내심 좋았고 마침 월요일이 의환이 생일이라서 더 잘됐답니다. 우리 가족은 참 철이 없는 것 같기도 합니다. 그런데 이상하게도 비행기 스케줄을 바꾸고 나니 씻은 듯이 나아버리더군요. 다분히 심리적인 병이었던 같습니다. 덤으로 얻은 삼 일이 지나고 어느덧 화요일이 되어 공항으로 나갔습니다. 실없는 농담과 과한 몸짓으로 허전한 마음들을 감춰봅니다. 시간이 되어 출국장 안으로 아들을 들여보내며 엄마는 참고 참아도 흐르는 눈물을 못이기고 결국 참기를 포기하고 맙니다. 아빠와 포옹을 하고 돌아서면서 아들은 "아빠, 머리 빠지지 말고 살찌지 말고 잘 있어~" 인사를 합니다. 아빠와의 작별 인사치고는 참 희한합니다. 뭔 인사가 이런가 싶습니다.

그런데 집으로 돌아오는 길에 그 인삿말이 이렇게 해석이 되더군요. 머리는 스트레스 받으면 빠지고 살이 찌면 건강이 안좋아지니까 결국 "아빠! 스트레스 받지 말고 건강하게 잘 지내세요"라는 사랑의 당부였던 것으로 생각이 됩니다. 물론 꿈보다 해몽이지만요. 하하하!

# 074

# 양복 한 벌 사보내야겠습니다

지난 월요일 밤에 미국에서 목회를 하고 있는 후배 노준호 목사에게서 전화가 왔습니다. 친형제처럼 지내는 사이인데다가 이번에 한국 방문을 통해서 더욱 깊이있는 교제를 나눌 수 있어서 좋았습니다.

뒤돌아보면 노 목사는 늘 어려운 여건의 사역 현장을 다니며 사명을 감당했습니다. 신학대학을 졸업하고는 바로 원산도로 가서 섬 목회를 했지요. 그리고 십자군 전도대로 전라도 지역에서 사역을 하다가 러시아 모스크바에서 선교사로 사명을 감당하기도 했습니다. 러시아 사역을 마치고는 미국 플로리다의 탬파로 가서 목회를 하다가 지금은 뉴욕 근교의 뉴저지에서 늘찬양교회를 개척하여 담임목회를 하고 있습니다. 어려운 교회 여건을 극복하기 위해서 주중에는 택시 운전을 하면서도 연명을 위한 운전이 아니라 목회를 위한 운전임을 자각하며 사명을 감당하고 있는 훌륭한 목사입니다.

이번에 한국을 방문해서 건강검진을 하고 간에 심각한 이상이 있는 것이 발견되었습니다. 주변에서는 잠시 목회를 쉴 것을 권고하기도 했지만 그럴 수 없다며 다시 당당하게 사역지로 돌아갔습니다.

그후로 몇 번의 전화 통화를 통해서 전보다 더욱 열심히 사명을 감당하는 모습이 느껴집니다. 귀하게도 생각되지만 그의 건강이 염려되었습니다. 그런데 그 친구가 어제 불쑥 전화를 해서는 주소를 알려달라더군요. 그의 말이 지난번에 부산엘 갔을 때 제가 본인에게 양복을 한 벌 사줄테니 백화점에 가자고 했답니다. 그때 제가 했던 그말이 너무나 고맙고 큰 감동으로 느껴져서 그 때 자기가 미국으로 돌아가면 반드시 형 옷을 하나 사서 보내야겠다고 마음먹었었다는군요.

기억이 납니다. 그 더운 8월에 우리 교회에 설교를 하러 왔는데 입고 온 양복이 두터운 겨울 양복이었습니다. 게다가 몸이 불었는지 양복이 몸에 꽉 끼는 모습이 안쓰럽기까지 했었지요. 그래서 카드 할부라도 해서 하나 사입혀서 보내려고 했었는데 노 목사가 끝까지 사양을 했고 결국은 그냥 보냈었습니다. 그 일을 이야기하는 것 같았습니다. 사주지도 못하고 그냥 보냈었는데... 뭐라고 할 말이 없습니다.

고맙기도 하고 부담스럽기도 하고 기분이 좋기도 하고 속상하기도 하네요. 노목사가 입고 있던 허름한 점퍼가 어렴풋이 떠오르기도 합니다. 그 때 더 우겨서라도 양복을 사입혀 보낼걸 그랬습니다. 마음이 편치를 않습니다.

좀 늦었지만 내일 쯤 나가서 양복 한 벌 사서 보내줘야겠습니다.

# 075
## 옐로카드 받았습니다

축구경기에서 반칙을 한 선수에게 심판이 주는 경고를 옐로카드라고 하지요. 생활 가운데서도 반칙이 있을 때 가끔씩 옐로카드가 주어지기도 하는가 봅니다. 저도 어제 옐로카드를 받았습니다. 무슨 일인지 궁금하시죠?

제가 가는 헬스클럽에 75세 되신 할아버지께서 운동을 오십니다. 작은 키에 탄탄한 몸매로 주변 사람들의 부러움 대상이 되시는 분이십니다. 그 연세에도 늘 젊은이들 못지않은 격한 운동을 하시며 노익장을 과시하시지요. 그 분을 뵈면서 "나도 75세가 되어서도 저분처럼 꾸준히 운동해야지" 하는 다짐을 하기도 합니다.

어제 런닝머신을 하고는 역기를 들기 위해서 역기 쪽으로 가는데 마침 그 어르신이 역기 운동을 마치고 다른 쪽으로 가십니다. 눈인사를 하고는 역기를 들려는데... 앗! 평소에 내가 들던 것 보다 10Kg이나 더 무거운 것을 드셨더군요. 역시 대단한 양반입니다.

젊은 사람이 노인네 하시던 것보다 줄여서 하기도 모양 빠지는 일이고 한번 늘려서 들어 보고 싶은 욕심도 생겨서 그냥 그것을 그대로 들기로 했습니다. 역기 자리에 누어서 보란 듯이 들어댔습니다. 그 어르신과 주변 사람들을 의식하면서 힘차게 열심히 가열차게 빡씨게 최선을 다해서 역기를 들었습니다. 유산소 운동 후 첫 근육 운동이라 그런지 평소보다 잘 들렸습니다.

흐뭇한 마음으로 역기를 내려놓으면서 슬쩍 고개를 들어서 앞쪽을 살피는데 그만 뒷목이 찌릿하고 자극이 옵니다. 너무 무거운 것을 과하게 들고는 누운 상태에서 좋지 않은 자세로 갑자기 머리를 들어서 근육에 경직이 온 것 같았습니다. 얼른 일어나 앉아서 천천히 목을 풀면서 나만 아는 부끄러움에 피식 웃음이 났습니다. 내 몸에 맞춰서 적당하게 운동을 하고 내 자신이 운동을 즐기면 될 일이었는데 괜한 경쟁심과 과시욕에 매여서 까불다가 목이 삐었습니다.

샤워를 하고 집으로 왔는데도 아직도 뒷목이 뻣뻣합니다. "운동을 심하게 했더니 목이 좀 아프네…"하고는 하영이에게 파스를 찾아 달래서 뒷목에 붙였습니다. 그런데 이 파스의 색깔이 노란색입니다. 문득 옐로카드가 생각나더군요.

교만, 과시, 과욕에 관한 반칙으로 오늘 옐로카드를 받았습니다.

# 076

# 야 인마! 그런 뜻이 아니잖아~

페이스북은 이미 대다수의 사람들이 소통과 정보와 친교의 통로로 이용하고 있는 현대문명의 이기입니다. 글이나 사진을 올리면 수많은 사람들이 읽고 보고 생각을 나누며 소식을 전하는 것이 꽤 재미있습니다. 저도 몇몇 사람들을 친구로 등록해서 가끔씩 현대 문명의 즐거움을 챙기곤 합니다.

얼마 전에는 페이스북에서 전쟁이 났습니다. 그런데 그 당사자가 제가 어릴 때부터 함께 먹고 자며 도움을 받았던 제 형님이었습니다. 친형제는 아니지만 제 아버지를 아버님으로 알고 지금도 어머님과 우리 가족들에게 가족애 이상의 사랑을 베푸시는 서대문 장로교회 장봉생 목사님입니다. 제가 존경하고 따르며 본받고 싶은 목사님이고 형님이고 선생님이지요.

그 형님이 국민일보에 칼럼을 연재하면서 그 글을 페이스북에도 올린 모양입니다. "목사는 해병대가 아니다"라는 제목의 글입니다. 참 재미있게 읽고 동감을 했습니다. 그런데 그 글에 엄청난 댓글들이 달렸습니다. 못된 욕설과 비난을 거침없이 하면서 개떼처럼 공격들을 해댑니다. 왜 목사가 세금을 내야 하느냐? 목사가 어찌 직업이냐 ? 목사의 성직을 직업이라고 하는 너는 목사도 아니다. 심지어는 너는 큰 교회에서 월급 따박따박 받고 사니까 배가 불러서 그따위 소리를 하느냐? 회개하라 장봉생! 하면서 비난과 욕설들을 퍼부어댑니다. 이 일이 그렇게 욕먹을 일인가 싶어서 여러 번 형의 글을 읽어 보았습니다. 아무리 읽어도 그런 의도의 글이 아니었습니다. 목사도 세금을 내는 것이 좋겠다는 취지에서 쓴 글입니다.

목사가 성직이듯이 일반교인들의 일도 하나님이 부여하신 성직이며 일터는 사역지이다. 그러면 목사도 생활비를 받는 직업이라 볼 수 있기에 세금을 내는 것이 좋겠다. 또한 목사직은 아무나 아무렇게나 해서는 안되는 더 엄격한 도덕성을 요구한다. 그러므로 굳이 "한번 목사는 영원한 목사"라는 해병대 의식을 가질 필요는 없다. 목사를 해보니 자격이 없어서 그만두기로 했다는 말은 해도 되는 말이다.

아무리 읽어도 무척 건전한 내용이며 어디에도 목사직을 폄하 하거나 작은 교회 목사들을 비하한 내용은 없었습니다. 그런데 사람들은 그런 의도가 아니라는 것을 알면서도 물고 뜯는 비난을 서슴지 않았습니다. 자신의 주장과 의견만이 굉장한 진리인 것처럼 잇몸을 드러내며 공격을 해댑니다. 마치 양쪽 눈가를 가리고 달리는 경주마처럼 자기 생각만을 향해 달리며 의견의 진짜 의도와 주제를 전혀 파악하려 하지 않는 모습에 황당함을 느낍니다. 문제는 그런 "자기주장형 주제왜곡증" 환자들이 여기저기에 많다는 것입니다. 그런 사람들이 내 앞에 있으면 멱살이라도 살포시 부여잡고 한마디 하고 싶습니다.

"야 인마! 그런 뜻이 아니잖아~"

# 077

## 용기 없는 못난이라 놀리는가봐~

오늘 새벽에 목욕탕에서 있었던 일입니다. 수도 앞에 앉아서 양치질을 하고 있는데 한 할아버지께서 옆에 앉으셨습니다. 할아버지께서 대야를 하나 앞에 놓으시더니 수돗물을 틀어놓고 면도를 시작하셨습니다. 꼼꼼하게 면도를 하시는데 물은 연신 대야를 넘쳐 흘렀습니다. 가끔씩 면도기를 흔들어 씻는 것 외에는 아무런 쓸모없이 물이 버려지고 있었습니다.

우리나라도 물 부족 국가이고 얼마 있지 않으면 물이 부족해서 이런 목욕탕이 없어질지도 모르는 물 부족의 상황을 전혀 인식하지 못하시는 것 같았습니다. 필요한 만큼 쓰는 것이야 괜찮겠지요. 그러나 저렇게 쓸데없이 물을 낭비하는 것은 참 속상한 일입니다.

면도를 마친 할아버지는 틀니를 빼서 양치질을 시작하셨습니다. 여전히 물은 흘러 넘치고 있었습니다. 뭐라고 한 말씀 드릴까 하다가 용기가 없어서 자꾸 쳐다보면서 텔레파시만 보냈습니다. 그러나 나를 힐끔 쳐다보시고는 아무런 반응없이 비누칠을 시작하셨습니다. 여전히 물을 틀어 놓은 채로...

탕 안에 들어가서도 한참을 지켜봤습니다. 물은 여전히 넘쳐 흐르고 있고 할아버지는 천천히, 아주 천천히 때를 밀고 있었습니다. 에휴~ 속이 상했습니다. 괜한 신경을 쓰고 있는 나 자신이 한심하기도 하고 우습기도 했지요.

그러다가 그 할아버지께서 물을 틀어놓은 채로 벌떡 일어나 무언가를 가지러 다른 곳으로 가셨습니다. 기회다 싶어 나도 얼른 탕에서 나와서 재빨리 그 물을 잠그고는 다시 얼른 탕으로 들어갔습니다.

이내 돌아오신 할아버지는 아무런 감각없이 다시 물을 틀어 놓고 때수건을 잡으시더군요. 별 상관 다 한다고 혼날까 싶어서 말도 못하고 속만 끓이다가 목욕을 마치고 나왔습니다. 아무 말 못하고 목욕탕을 나오면서 "내가 그 할아버지 몫까지 물을 더 아꼈으니까~ "하는 턱없는 합리화로 위로를 삼으며 하루를 시작했습니다.

운전을 하며 오는데 자꾸 이런 옛날 노래가 생각났습니다.

"용기 없는 못난이라 놀리는가봐~ 랄랄라라 랄라랄라 랄라라~"

# 078

# 커피숍 기도회

지난 주 중에 "목사님 저 한국 도착했어요!"라는 반가운 문자를 받았습니다. 늘 자기 스스로가 일등 제자라며 자부심을 불태우는 승현이입니다. 라스베이거스에서 사역할 때 만나서 엘림연합교회와 미국 예스컴에서 양육을 받고 대학복음화를 위해서 교수가 되기로 하고 올랜도주립대학에서 박사 과정을 마친 사랑하는 제자입니다.

드디어 지난 월요일에 승현이를 만났습니다. UNLV 골프선수였던 카씨와 늘 예쁘고 착했던 하나도 함께 나왔습니다. 오랜만에 만나는 어색함은 고사하고 설렘마저도 잠시뿐 늘 함께 있던 사람들 같습니다. 서로 살던 얘기도 하고 밥도 먹고 커피숍으로 향했습니다. 미국에서 새벽 제자훈련반 양육을 받을 때의 일들과 강의 내용을 어찌나 세밀하게 기억을 하던지 놀랍기도 하고 가슴이 뜨끔하기도 합니다. 내게는 일상으로 하는 강의이고 훈련이지만 제자들에게는 인생을 좌우하는 중요한 지표가 되기도 한다는 사실 때문입니다. 벌써 서른을 넘긴 제자들과의 만남이 흐뭇하고 든든합니다. 이제 친구요 동역자가 된 제자들에게 한국에서의 사역의 방향과 계획들을 설명을 하고 현실적인 어려움들도 자연스럽게 털어놓게 되더군요. 늘 강해 보이기만 했던 선생의 약한 모습이 안쓰러웠는지 주목하여 듣던 그들의 눈망울에서 진심의 사랑이 비쳐집니다. "우리 목사님을 어떻게 도와드릴 수 없을까?"를 고민하는 것이 분명합니다. 얘들 눈빛만 봐도 압니다. 드디어 카씨가 답을 찾은 것 같습니다. "목사님! 우리가 목사님을 위해서 기도해드릴게요"합니다. "그거야 당연하지! 날 위해서 니들이 늘 기도해줘야지!" 그런데 카씨는 그말이 아니었습니다. "아니요. 지금 여기서 기도해드릴게요"합니다. 나도 모르게 슬쩍 주변을 둘러보게 되더군요. 커피숍에 사람이 꽉 찼습니다. 바로 옆 자리에도 뒤에도... 어찌나 당당하게 말하던지 내심 당황했지만 거절할 수는 없었습니다. 다른 두 아이들이 "어떻게 기도할까?"합니다. "한 명씩 돌아가면서 하자!" 카씨의 명령에 모두가 손을 모으고 고개를 숙입니다. 눈을 감는 순간 마음이 따뜻해지면서 성령님의 만져주시는 은혜가 느껴집니다. 어쩌면 그렇게 자세하게 조근조근 기도를 해주던지요. 제자들의 간절한 기도에 눈물이 핑 돕니다.

사실 요즘 라스베이거스만 생각하면 마음이 많이 아팠습니다. 40대를 쏟아부어 일구었던 모든 것들이 사라져버렸거든요. 엘림연합교회도, 미국 예스컴, 한국학교, 성시기도모임, 우리집마저도 다 사라져버렸습니다. 그래서 마음이 아팠습니다. 그런데 오늘 보니 가장 중요한 것이 남아 있더군요. 사람이 남아 있었습니다. 양육한 제자들은 분명하게 남아서 이토록 아름답게 그리스도제자의 길을 걷고 있었습니다. "커피숍 기도회" 그 향기가 아직도 그득합니다.

# 079

# 눈 검사 한번 해봤으면 좋겠습니다

드디어 지난 월요일에 새 안경을 맞췄습니다. 몇 년 전에 맞춘 안경이 도수가 맞지 않아서 많이 불편했습니다. 그럭저럭 지낼 만 해서인지 차일피일 미루며 그냥 살았었지요.

그러다가 마침 하영이도 안경을 바꿔야 한다기에 윤 집사님 소개를 받아서 지하철을 타고 국제시장에 있는 안경점엘 갔습니다. 허름한 시장 안쪽에 있는 안경점이라 의아했었는데... 꼼꼼하고 능숙하게 눈검사를 하시는 안경사의 솜씨에 신뢰가 되어 편안하게 안경을 맞췄습니다.

두 번 놀랐지요. 너무 빨리 안경이 만들어져서 놀랐고 가격이 너무 싸서 또 놀랐습니다. 미국의 1/4정도의 가격으로 안경을 맞췄습니다.

새 안경을 끼고 시장을 돌아 나오는데... 세상이 이리도 뚜렷하고 밝을 수가! 세상이 밝아 보이고 기분까지도 밝아졌습니다. 참 좋았습니다.

그런데...

세상을 바라보는데 안경보다 더 중요한 것이 있다는 사실을 아십니까? "안경"보다 더 중요한 것은 바로 "안목"이라는 것입니다.

어떤 안목으로 사건을 보고 사물을 보고 사람을 보느냐에 따라서 세상이 다르게 보이고 인생이 달라지게 되는 것입니다. 긍정과 사랑, 감사와 만족의 안목으로 살아가야 세상이 밝아 보이고 인생이 살 만하게 되는 것입니다.

맞지 않는 도수의 안경을 끼고 세상을 흐릿하고 어지럽게 보고 있는 사람들처럼 맞지 않는 도수의 안목으로 세상을 잘못 보고 인생을 잘못 판단하고 살고 있지는 않은지... 눈 검사 한번 해봤으면 좋겠습니다.

암튼. 나는 지금 세상이 밝아 보입니다!

# 080

# 내 속에도 봄이 왔습니다

벚꽃이 흐드러지게 피었습니다. 싸늘하고 메마른 가슴에도 새봄의 향기를
전하고야 마는 벚꽃의 강렬한 부드러움이 참 좋습니다.

지난 금요일과 화요일에 대동 중학교와 대동 고등학교의 부활절 축하예배
에서 말씀을 전하고 왔습니다. 사실 사순절과 고난 주간을 보내면서 여러
가지 신경 쓰이고 분주한 일들이 많아서 몸과 마음이 많이 지쳐있는 상태
였습니다. 으슬으슬한 늦추위처럼 뼛속으로 파고드는 고난의 한기를 느끼
며 터벅터벅 걸어서 주어진 사순절의 사역들을 소화해나가고 있었습니다.

몇 개월 전부터 계획된 대동중학교와 고등학교 전교생 부활절 예배를 부
담 반 기대 반으로 기다리며 준비하고 있었습니다. 몸과 마음은 지쳐 있었
지만 내 속에서는 여전히 청소년 사역을 향한 열정과 기대감으로 채워지고
있었지요. 단 20분 간의 설교를 위해서 오랜 시간 많은 것을 준비했습니다.
교회에서는 권사님과 집사님들이 부활절 달걀을 삶아서 요구르트와 함께
포장을 했습니다. 2천 개가 넘는 달걀을 삶고 포장하신 분들은 당분간 달
걀을 보기도 싫을 겁니다. 중보기도로 사역을 돕기 위해서 몇몇 청년들과

집사님들이 함께 했습니다. 달걀 박스를 차에 싣고 설교의 집중을 위해서 사용할 교회 볼펜도 챙겼습니다.

1천여 명의 학생들이 웅성댑니다. 늘 그랬듯이 마치 링에 올라가는 권투 선수의 심정으로 강단에 오릅니다. 요한복음 20장의 "믿음 없는 자가 되지 말고 믿는 자가 되라!"는 말씀으로 예수 그리스도를 구주로 믿고 영접할 것을 선포했습니다. 예수 그리스도로 인한 나의 삶의 변화를 간증하면서 억지로라도 영접 기도를 함께 했습니다. 진심으로 여기의 학생들이 단 한 명도 지옥에 가지 않기를 간구하면서 복음을 제시했습니다. 고급 볼펜을 미끼로 해서 오늘 설교의 내용을 학생을 통해서 다시 확인하기도 했습니다.

사역을 마치고 차에 올랐습니다. 중, 고등학교에서 전교생을 대상으로 하는 설교는 많은 에너지가 소모되는 일입니다. 인사를 나누고 학교 정문을 나서는데 때마침 언덕 밑에서 불어오는 봄바람에 벚꽃잎 한줌이 하늘로 날아오릅니다. 그때 희한한 일이 생겼습니다. 여리고 부드러운 벚꽃잎들이 식어있고 지쳐 있던 내 마음 속에까지 날아들었습니다. 마음이 이내 따뜻해집니다. 으슬으슬하던 한기가 사라지고 포근하고 싱그러운 새싹이 돋아납니다. 참 좋습니다. 내 속에도 봄이 왔습니다. 참 희한한 일입니다. 말씀 시간에 열심히 떠들어대던 그 놈들이 나에게는 벚꽃이었나 봅니다.

# 081

# 그 아저씨, 예수 믿는 사람일거야

미국에서 공부하고 있는 의환이가 방학을 맞아서 집에 돌아왔습니다. 아들과 함께 있다는 것만으로도 마음이 든든하고 집안이 꽉 찬 느낌입니다.

지난 월요일에는 청주에 다녀왔습니다. 우리 집안의 장손 아들이 왔는데 친척들에게 인사도 드리고 아버님 산소에도 다녀와야 도리일 것 같아서 다녀왔습니다. 월요일 아침에 일찍 움직이기가 피곤하고 힘들었지만 가족과 함께 하는 여행이기에 기쁨으로 길을 떠났습니다. 이런저런 이야기도 하고 깔깔거리며 음악도 듣고... 네 식구가 함께 하는 모처럼의 여행이 참 좋았습니다.

세 시간쯤 달려서 속리산 휴게소에 들어갔습니다. 차를 대고 화장실 쪽으로 걸어가는데 화장실 입구 계단 위에 쓰레기통이 놓여 있었고 그 옆에서 몇 사람이 담배를 태우고 있었습니다. 분명히 쓰레기통 옆인데 어떤 한 사람이 담배를 바닥에 던지고 발로 비벼 끄고 가는 것이었습니다. 마침 옆에서 바닥을 쓸고 있던 미화원 아저씨가 힐끔 쳐다보고는 아무 말 없이 담배꽁초를 쓸어 담았습니다.

이 장면을 보고 있던 한 아저씨가 말을 보탭니다.
"아휴, 아저씨 저런 사람들 때문에 청소하기 힘드시겠어요~"
이 말을 들은 청소 아저씨의 대답이 걸작입니다. 구수한 충청도 사투리로
"아녀유~ 이렇게 쓰레기를 버려줘야 내가 먹구 살지유~"

짜증 부리고 툴툴거릴 만도 한 상황이었는데 이런 마음으로 일하는 모습이 참 좋아 보이고 그 인품과 가치관이 존경스러웠습니다.

주차장에서 화장실 쪽으로 몇 걸음 걸어가며 본 일입니다. 그 짧은 시간의 일이 여러 가지를 생각하게 하고 깨닫게 하는 귀한 가르침으로 다가왔습니다. 아무리 생각해도 참 훌륭한 분입니다.

"그 아저씨 왠지 예수 믿는 사람일 것 같지 않수?" 차로 돌아와서 아내에게 근거 없는 소망을 이야기하며 다시 차를 몰았습니다.

# 082

## 먹었을까요? 버렸을까요?

지난 화요일에 지역의 어른 목사님을 찾아뵈었습니다. 작은 교회이지만 자부심을 가지고 신실하게 사역을 하시는 훌륭한 어른입니다.

식사 때가 되어 점심을 대접하기 위해 일어서는데 "마침 떠오르는 좋은 곳이 있다"하시더니 아무 말 말고 따라오라며 차에 오르셨습니다.

차를 타고 한참을 가서는 골목골목을 돌아서 허름한 식당 앞에 차를 세우더니 "여기로 들어가자"고 하시더군요. '원조 할매 재첩국집' 이었습니다. 모처럼의 기회인지라 좋은 식당에서 맛있는 식사를 대접하고 싶었는데… 자신있는 표정으로 낡은 유리창에 금이 간 출입문을 열고는 자기집처럼 성큼성큼 안으로 들어가십니다.

그 동안 몇번 먹어본 재첩국의 기억은 밍밍하고 뭔가 허전한 맛이 전부였습니다. 우리가 자리에 앉자마자 아주머니가 찌그러진 양은 그릇에 김치와 고등어찌개, 물김치 등 반찬을 성의 없이 내려놓고는 밥 한 그릇에 재첩 국 한 그릇씩을 주더군요.

목사님의 일장 연설이 이어집니다. 마치 그 집의 홍보위원 같은 어조입니다. 그냥 한 끼 때우자는 심정으로 아무런 기대 없이 재첩국을 한 수저 떠먹었습니다. 그런데... 아~ 입 안에 퍼지는 오묘하고 심오한 감칠맛! 풋풋한 바다 내음과 어릴 적 추억이 어우러지며 입 안 가득하게 채워지는 맛의 만족감을 글로는 뭐라 설명할 수가 없었습니다. 그저 "이 맛이다!" 싶었습니다.

이래서 "원조 원조"하는가 봅니다. 식당을 나서며 계산대에 앉아 계신 원조 할머니를 봤습니다. 깊게 패인 주름 사이로 원조의 아우라가 느껴졌습니다.

이쑤시개에 걸린 조그만 재첩 반 토막을 다시 먹을까, 과감하게 버릴까를 고민하다가 문득, 나도 시간이 흐른 뒤에 다른 사람들이 인정할 만한 "나만의 원조"를 만들어 가야겠다는 유치원생 같은 각오를 하며 교회로 돌아왔습니다. 그건 그렇고, 제가 그 재첩 반 토막을...

"먹었을까요? 버렸을까요?"

# 083
## 그래서... 참 다행입니다

초대형 태풍 볼라벤이 부산을 지나가는 화요일이었습니다. 교회가 염려되어 교회에 나와 있는 관리부장 집사님과 부목사님과 함께 교회를 돌아보고 있는데 대학부에 다니는 한 청년이 교회 계단을 올라오고 있었습니다.

바람도 심하게 불고 지금쯤이면 학교에 가있을 시간인데 웬일인가 싶어서 악수를 하면서 안부를 물었습니다. 그런데 그 아이의 표정이 심상치가 않습니다. 금방이라도 눈물이 흘러내릴 것 같은 얼굴로 억지 미소를 보이며 "회개할 것이 있어서 기도하러 왔어요"합니다.

의외의 대답에 당혹스럽기도 하고 회개할 것이 있다고 교회를 찾아온 아이의 순수함이 기특하기도 해서 어깨를 툭툭 치며 "그래, 어서 올라가서 회개하고 기도하고 가거라" 하고는 아무 일도 없는 듯이 교회를 돌아보고 제 방으로 와서 책상에 앉았습니다.

그런데 자꾸 아까 그 청년의 상기된 얼굴과 "회개하러 왔다"는 고백이 제 마음을 흔듭니다. 어린 것이 죄를 지었으면 얼마나 큰 죄를 지었겠습니까.

누구에게 미운 마음이 들었든지 약간의 도덕적인 양심의 가책이 있었겠지요. 진짜 죄인은 그렇게 회개할 것이 있다고 말하며 교회를 찾아오기 어려운 법이거든요. 그 아이는 그저 답답하고 미안한 마음에 아빠를 찾아온 착한 딸이었습니다. 그 순수함과 하나님 아빠를 향한 사랑과 신뢰의 마음이 참 예쁩니다. 그냥 그렇게 잊힐 줄 알았습니다.

그런데 시간이 갈수록 회개하러 왔다는 그 아이의 모습과 그것을 격려하던 제 자신이 비교가 되면서 마음에 가책이 느껴집니다. 격려한다고 어깨를 툭툭 치면서 "그래, 올라가서 회개하고 기도하고 가라" 했던 것이 왠지 뻔뻔하게 느껴집니다. 진짜 회개할 일은 내가 더 많은데 천사 같은 아이를 목사랍시고 격려를 해댑니다. 민망합니다. 사실 내가 내 발로 걸어서 회개를 하기 위해 주님 앞으로 나온 것이 언제적 일인지도 모를 정도입니다. 주님을 처음 만났을 때의 순수함과 민감함들이 언제부턴가 열정적 사역이라는 핑계로 무디어지고 각질화되어 버린 내 신앙의 상태를 돌아보게 됩니다. 목사니까 해야 되는 공적이고 의무적인 것에만 원숙했던 내 자신을 돌아보게 되었습니다.너무 오래 목사만 한 것 같습니다. 이제 순수한 주님의 하얀 양으로 회복되기를 원합니다. 다행스럽게도 그 아이의 순수하고 예쁜 신앙의 모습으로 인해서 오염된 내 양심에도 화학 작용이 일어나기 시작했습니다. 그날 밤, 참 오랜만에 내 자신만의 일로 무릎을 꿇었습니다.

그래서... 참 다행입니다.

# 084

# 성공한 리더의 품격

지난 주간에 미래목회연구회라는 목사님들의 모임에서 수련회가 있었습니다. 그 동안 시간이나 여건이 잘 맞지 않아서 수련회나 세미나에 참여를 못하다가 참 오랜만에 수련회에 참석했습니다. 목사님들의 수련회에 참석하는 것이 10년도 넘은 것 같습니다. 특히 이번 수련회는 제게 강의를 맡겨 주셔서 다음 세대 복음화사역에 대해서 알리고 싶은 욕심에 전라도 무주까지 달려갔습니다. 가는 길에 고속도로를 나오면서 길을 잘못 들어서 국도와 농로로 가게 되었습니다. 그 덕분에 구불구불 덕유산 자락을 지나며 단풍과 가을 정취를 만끽했습니다.  단풍놀이를 제대로 했지요. 우리나라는 참 아름다운 나라입니다.

무주 리조트의 한 호텔에 도착했습니다. 그 곳은 건물 하나하나가 마치 유럽의 어느 나라에 온 것 같은 이국적인 아름다움이 있었습니다. 미래목회연구회는 약 20년 전에 젊은 목사님들이 주축이 되서 부산 복음화의 미래를 준비하는 초교파모임으로 시작되었답니다. 80여 개의 중, 대형교회 목사님들로 구성되어 있는데 이제는 그야말로 부산 복음화의 중심이 되는 권위있는 사역 단체가 되었습니다.

이런 표현이 맞는지는 모르겠지만 소위 큰 교회라고 부르는 교회 목사님들, 사역적으로나 삶에 있어서 번성하고 성공하신 목사님들의 모임인 것이 처음엔 좀 어색하기도 했습니다. 내심 위화감 비슷한 느낌도 있었던 것이 사실입니다. 그런데 그것이 오해였음을 금새 깨닫게 되었습니다. 큰 교회 목사님들끼리의 모임이 아니라 모임을 해오면서 크게 성장하는 교회가 된 것이었습니다. 그리고 어느 모임이든 이삼 일 동안 여러 사람들이 같이 있다 보면 성품이 드러나고 눈꼴 사납거나 좀 떨어지는 듯한 느낌이 드는 사람이 몇 명 쯤 있게 되지요. 그런데 이 분들은 아니였습니다. 각자의 개성은 있지만 결코 도드라지거나 불편하지 않았습니다. 친절했지만 그 정도가 늘 적절했습니다.

특히 이분들의 공통점은 자신을 드러내려고 하거나 남을 비난하지 않는다는 것입니다. 그래서 그런지 참 편하고 즐거웠습니다. 누구와 대화를 해도 뭔가 건지는 것이 있는 수지맞는 만남이었습니다. 그 여유로움과 넉넉함, 그 안에서 가끔씩 비춰지는 날카로움과 노련함이 성공한 리더의 품격으로 다가왔습니다. 큰 교회 목사님들이라서 품위의 점수를 더 주는 것이 절대 아닙니다. 물론 위치가 그 품격을 만드는 경우도 있겠지만 사실은 그가 어떤 사람인가에 의해서 그 위치가 만들어지는 것임을 새삼 깨달았습니다. 강의를 통한 사역의 나눔도 좋았지만 좋은 분들과의 만남을 통해서 인격과 사역과 비전을 돌아보고 더 잘 조율하게 된 것이 더욱 감사했습니다.

# 085
## 귀여운 연막전술

전화벨이 울립니다. 급하게 전화기를 들고 받으려는데 툭 끊어져버리고 맙니다. 번호를 확인해보니 엄마 전화번호입니다. 엄마는 늘 그러십니다. 전화를 거시고는 받으려 하면 끊어버립니다. 다시 전화를 하라는 신호입니다. 통화료 많이 나올까봐 지레 겁을 먹으시는 겁니다. 얄밉기도 하고 귀엽기도 합니다. 다시 전화를 드리면 늘 딴청을 부리십니다. "왜째 전화가 끊어지네…" 일부러 시간 맞춰서 끊으시고는 끊어졌다고 핑계를 대십니다. 늘 아끼는 것이 몸에 배여서 과도히 아끼지 않으면 불안하신 모양입니다.

모르는 척 전화하신 용건을 묻습니다. 오늘도 여전히 한숨부터 쉬시며 한탄과 넋두리를 하십니다. 오늘의 주제는 "학교 다니기 싫다"는 것입니다. 못배운 평생의 한을 푸신다고 어렵게 결정하고 어르신 학교를 다니시는데 늘 버거워하십니다. 내일 받아쓰기 시험을 보는데 시험 공부 하느라고 잠도 못자고 불에 냄비 올려놓은 것을 까먹어서 냄비를 홀랑 태워버렸다며 속상해 하셨습니다.

"그런데 이제 내가 선생님한테 미안하고 창피해서 학교를 그만 둬야겠다"시며 갑자기 자퇴를 향한 결연한 의지를 표명하시고는 말끝을 흐리면서 "그래도 학교 다니면서 친구들도 만나고 배우는 재미도 있었는데... "하십니다. 분명 진짜로 학교를 그만두시려는 것은 아닙니다. 이십 분이면 가던 거리를 이젠 발짝이 안떨어져서 두 시간씩 걸린다며 엄살도 곁들이시더군요.

뭔가 다른 의도가 있는 연막전술이라는 것이 느껴집니다. 이 연막의 뒤에는 어떤 요구가 들어있을지 궁금했지만 아직 속내를 밝힐 때는 아닙니다. 최선을 다해서 엄마를 격려하고 위로해 봅니다. "엄마, 그래도 엄마 나이에 학교를 다닐 수 있는 건강이 있는 것이 얼마나 감사한 일이예요. 시험 못봤다고 선생님이 때리지는 않잖아요" 그러니 *그냥 김사함으로 다니시라고 말씀을 드리려는데 이어서 말을 받으신 엄마는 "에휴... 차라리 맞는 게 낫것어~ 숙제를 못해가니께 진짜 환장하것어~ "하십니다. 스무 명 중에 혼자만 숙제를 못냈답니다. 지난 주에 소풍 다녀온 것에 대한 소감문을 써오랬는데 아무리 고민을 해도 뭘 써야 될지 생각이 나지 않는다는 겁니다. 그래서 창피하고 미안해서 학교를 그만 다니시겠다는 겁니다. 그리곤 슬쩍 웃으십니다. 그 웃음으로 엄마의 의도가 분명해졌습니다. 푸하하하! 숙제를 도와 달라는 데모였습니다. 몇 개월 전에 숙제를 해드리고 온 것이 생각나신 모양입니다. 지난 번에 숙제 해드리고 너무 힘들어서 몸살이 났었다고 너스레를 떨고는 같이 웃었습니다. 전화를 끊고도 계속 웃음이 납니다.

암튼, 가지도 않았던 소풍 감사문을 써야 하는 행복한 저녁입니다.

# 086

# 요즘 세상, 옛날 세상

지난 주중에 아내가 지갑을 잃어버렸었답니다. 정작 본인은 지갑을 잃어버린 것을 알지도 못하고 있었는데 경찰지구대에서 교회로 연락을 해서 다시 찾았답니다. 지갑 안에 현금은 물론이고 각종 카드와 신분증들이 있어서 찾지 못했다면 많은 손해와 불편을 겪을 뻔 했지요.

지갑을 찾아 주신 분은 우리 아파트의 윗층에 사시는 80대 할아버지셨습니다. 불편한 몸으로 지팡이를 짚고 경찰지구대까지 내려가셔서 지갑을 찾아주라 맡기신 겁니다. 잃어버린 사람의 마음을 생각해서 속히 찾아주고 싶으셨던 따뜻한 마음이 느껴집니다. 참 감사한 분입니다.

아내가 전화를 받고 지구대에 가서 지갑을 찾아서 올라오는데 마침 그 할아버지를 집 앞에서 만났답니다. 감사인사를 전하고는 집으로 돌아와서 딸아이에게 지갑 찾은 이야기를 해주니까 "요즘 세상에 그런 사람이 어디 있느냐"며 감탄을 했답니다.

사실 그 어르신이 요즘 세상 사람이 아니라 옛날 세상 분이시기에 그 친절과 배려가 가능했던 건 아닌가 하는 재미있는 생각도 했습니다.

이 이야기를 듣고 병원 예약이 있어서 하단오거리 쪽으로 운전을 하고 있었습니다. 그때까지는 참 흐뭇하고 따뜻한 마음이었습니다. 거의 도착할 무렵에 병원 앞 횡단보도의 신호에 걸려 멈춰섰습니다. 사람들이 길을 건넙니다. 그런데 어떤 아주머니 세 분이 이야기를 나누며 아주 천천히 횡단보도를 건넙니다. 신호가 5초 남았다고 깜빡거리는데 아직 반밖에 못건넜습니다. 이내 신호가 빨간불로 바뀌었습니다. 그래도 그분들은 천천히 아주 천천히 터덜터덜 횡단보도를 건너고 있습니다. 참 답답합니다. 신호가 바뀌어서 저쪽 차선의 차들은 이미 움직이고 있는데도 이분들은 아직 끝 차선에 있는 제 차 앞까지도 못 왔습니다. 오히려 보란듯이 껌을 질겅질겅 씹으며 유유히 걸어옵니다.

다른 사람들의 입장과 상황은 전혀 고려하지 않는 "영유아적인 인격장애"와 도덕과 질서를 위반하고도 부끄럽지 않는 "양심포기성 체면결핍증"이 의심되는 상황입니다. 너무 답답해서 손으로 파란 신호를 가리키면서 크락션을 빵! 하고 짧게 눌렀습니다. 그랬더니 한분이 문득 멈춰 서더니 나를 째려봅니다. 잠깐이지만 그 눈빛이 섬뜩합니다. 그러더니 제 차 앞으로 와서 씹고있던 껌을 퉤! 하고 뱉어버립니다. 그리곤 또 유유히 걸어갑니다. 세상에는 참 별별 사람들이 다 있습니다. 너무 어이가 없고 기가 막히니 화도 안났습니다.

그냥 문득 하영이의 "요즘 세상에~"라는 말이 떠오르더군요.

# 087
## 하늘로 간 부자천사

한 주간 내내 마음이 무거웠습니다. 지난 목요일에 우남순 권사님이 출근 준비를 하다가 갑자기 쓰러졌다는 소식을 들었습니다. 급하게 병원으로 옮겨서 응급처치를 하고는 이내 대수술을 했습니다. 심한 뇌출혈로 인해서 예우가 좋지 않답니다. 지난 주 내내 교우들과 함께 우 권사님의 회복을 위해서 기도하며 조심스러운 마음으로 살아왔는데...

오늘 천국으로 떠나셨습니다. 너무나 안타깝고 가슴이 아픕니다. 얼마나 버겁게 사셨기에 당신의 혈압이 그렇게 높은 것도 모르고 약도 안드시고 사시다가 이렇게 갑자기 돌아가신다는 말입니까. 이렇게 좋은 세상을 살면서 왜 병원갈 마음조차 먹지 않았는지 모르겠습니다.

우 권사님의 소식을 듣자마자 박 집사님이 눈물을 글썽이며 안타까운 탄식으로 한마디 하십니다. "목사님! 사람들 중에 그렇게 착한 사람이 없었어요~" 그렇습니다. 정말 천사 같은 분이셨습니다. 늘 수줍은 미소와 말없는 섬김으로 머무신 곳을 환하게 비추던 예쁜 천사셨습니다.

그 천사 같은 분이 돌아가시기 전에 있었던 일입니다. 병원에 도착해서 이

전도사님이 우 권사님의 가방을 맡고 있다가 필요한 게 있어서 지갑을 열었는데 천 원짜리 한 장이 들어있었답니다. 출근하는 가방 속 지갑에 천 원밖에 없었던 것을 보니 가슴이 메어지더랍니다. 그러나 우 권사님은 결코 가난한 분이 아니었음을 저는 압니다. 그 어려운 여건 속에서도 열심히 일을 하고 나누고 베푸는 넘침의 삶을 사신 분이십니다. 가끔씩 설교의 예화로 드린 말씀 가운데 "천만 원 버는 거지와 오십만 원 버는 부자 이야기"의 주인공이 우 권사님입니다. 적은 수입과 여러 가지로 녹녹치 못한 여건이었지만 꼭 필요한 곳에 기꺼이 나누고 베푸시는 진정한 부자 천사였습니다.

지난 부활절, 다음 세대를 위한 찬양집회인 붕붕 프로젝트를 준비할 때 물질적인 부족함으로 제 마음이 초조할 때가 있었습니다. 그때 저를 위로해 주신 분도 우 권사님이셨습니다. 제 앞에 나타나지도 않으시고 전도사님을 통해서 전해 주신 사역비의 감동을 또렷이 기억합니다. 봉투 안에는 거금 10만원이 들어 있었습니다. 권사님의 여건과 입장을 아는 저로서는 다시 돌려드리고 싶은 생각마저 들었습니다. 지갑에 천 원밖에 없었던 분의 10만원은 그야말로 거액입니다. 말 그대로 100배의 나눔이었지요. 그 헌신으로 붕붕 프로젝트가 성공 할 수 있었습니다. 늘 이런 식으로 사셨습니다. 오늘 하늘로 돌아가신 우 권사님은 천사였습니다. 그리고 늘 넘치는 삶을 사셨던 부자였습니다.

우 권사님은 "하늘로 간 부자천사"이셨습니다.

# 088

# 왼쪽 엄지손가락 통증

홍장원 목사님으로부터 전화가 걸려왔습니다. 정경수 안수집사님이 일을 하다가 손가락을 다쳐서 응급실에 갔다는 것입니다. 가슴이 철렁합니다. 며칠 전에 사업에 관한 문제들을 이야기하면서 중국에 제품을 수출했는데 원자재에 문제가 생겨서 급히 제품을 다시 만들어서 보내야 한다는 말씀 하시며 기도를 부탁했었습니다. 아마도 촉박한 납품 시일을 맞추기 위해서 다급하게 일을 하다가 다치신 모양입니다.

급히 병원으로 갔습니다. 이미 봉합수술을 마치고 배게 위에 성경책을 올려놓고 읽고 계셨습니다. 통통 부은 손을 내미시는데 상태가 심각합니다. 드릴에 장갑이 딸려들어가면서 왼손 엄지손가락이 절단되어서 봉합수술을 한 겁니다. 아직도 손톱 밑에 핏자국이 남아 있고 피가 빠져서 허옇게 부어 오른 손을 보니 가슴이 너무 아픕니다. 그 손을 하고도 납품 기일이 얼마 남지 않았다고 걱정을 하며 당장이라도 일을 하러 나갈 기세입니다. 이 시대 중년 가장의 책임감과 일중독 증상에 숙연함이 느껴지면서 한편으로는 이 시대의 쉼없는 아버지들에 대한 쓸쓸함과 측은함이 밀려옵니다. 성경말 씀을 읽고 함께 기도를 하는 기왕에 병원에 있는 것이니 편하게 쉬면서 인생의 앞뒤를 돌아보는 여유를 가지라고 권고를 하는데 집사님이 잠시 머뭇거리며 의외의 말씀을 하십니다.

"목사님 사실은 하나님께 매를 맞은 것 같습니다. 그날 수요예배를 가야지 했었는데 일이 밀리다 보니 예배를 빼먹고 일을 하다가 이렇게 된겁니다" 하시면서 그 잘못을 깨닫고 회개했다고 말씀하셨습니다. 저는 "그럴 리가 있나요. 그렇지 않습니다. 하나님께서 결국 합력해서 선을 이루실 겁니다"라고 대답했지요.

손가락을 다친 것이 꼭 그것 때문은 아닐 것입니다. 그런데 정 집사님의 그런 마음 자세가 너무도 귀하게 느껴집니다. 심한 통증과 여러 가지로 손해가 되는 이런저런 상황들을 원망하고 절망할 수도 있었겠지요. 그런데 정 집사님은 이런 큰 사고 앞에서 자신을 돌아보고 하나님과의 관계를 점검하는 반성의 계기로 삼고 있었습니다. 이런 마음을 갖는 것이 아무나 할 수 있는 일은 아닌 것을 압니다.

병원 문을 나서면서 내 가슴 속의 왼쪽 엄지손가락에 심한 통증을 느낍니다. 진짜 손가락을 다쳐야 할 사람은 바로 "나"였다는 자책감 때문인 것 같습니다. 차에 오르는 저의 등 뒤로 잃어버린 회개를 회복하라시는 책망의 소리가 들려옵니다.

# 089

# 옛날 사진

지난 주중에 서울의 성천교회 부흥회를 인도하고 왔습니다. 성천교회 앞에 도착하여 차에서 내리면서부터 느낌이 묘합니다. 어릴 때 봉천동에서 살았었기에 집회할 교회가 옆 동네인 사당동 부근이라고 해서 낯설지 않았었는데 바로 이 동네인줄은 몰랐습니다. 사당동의 배나무골이라는 마을입니다. 아련한 추억이 가슴을 휘감아오릅니다.

1970년대 후반이었습니다. 바로 이 동네에 제 학교 친구 두 명이 살았었습니다. 정확하게 말해서 도근이라는 친구는 성천교회 바로 앞집이고 용덕이는 교회 두 집 건너 옆집이었습니다.

어느 날 그 두 친구들이 얼굴이 엉망이 된 채로 저를 찾아왔더군요. 그 시절 사당동에는 "철탑"이라는 불량서클이 있었는데 그 애들에게 끌려가서 모욕을 당하고 흠씬 두들겨 맞은 겁니다. 철없는 정의감에 저는 그 친구들을 앞세우고 철탑의 짱이라는 친구의 집으로 찾아갔지요. 도근이와 용덕이를 이 지경으로 만든 그 친구도 마침 그 동네에 살고 있었습니다. 밤늦게 느닷없이 찾아 온 저를 보고는 철탑의 짱이 너무 놀라 기가 죽었습니다. 그 당시에 유행하던 말로 속칭 선빵을 날려 제압을 하고는 무릎을 꿇렸습니다. 승자의 기세에 눌려서 고개를 숙이고 있던 그 친구의 턱을 들어 올리는 순간 깜짝 놀랐습니다. 입을 벌리다가 얼굴을 맞았는지 그 친구의 왼쪽 볼에 구멍이 나서 피가 흐르고 있었습니다. 최대한 태연한 척하며 동네 병원에 데려가서 치료를 해주고 먼저 보냈지요. 그리곤 병원비를 내는 척 하면서 도망을 쳤던 기억이 납니다.

결국 그 친구 가족들이 신고를 해서 결국 경찰서에 잡혀가고 죄없는 우리 어머니는 가난한 살림에 돈을 빌려서 피해자 가족들을 찾아가 무릎을 꿇고 용서를 빌어야 했습니다. 밤이면 교회 마룻바닥에 무릎을 꿇고 온밤을 눈물로 지새우셨구요.

그 동네 그 집 앞에 30여 년 만에 다시 온 겁니다. 뒷골목의 불량배가 목사가 되서 다시 왔습니다. 동네를 시끄럽게 하며 손가락질받던 그 놈이 복음을 전하러 왔습니다. 정말 기가 막힌 일입니다.

교회 문 앞에 서서 추적추적 비가 내리는 배나무골 여기저기를 훑어봅니다. 가슴이 아리합니다. 사람의 인생이 이렇게 달라질 수도 있습니다. 별로 바뀐 것이 없는 옛날 그 동네 그 자리에서 완전히 변해버린 내 자신을 보며 감사라는 말밖에는 다른 표현이 떠오르지 않습니다. 외할머니댁 마루벽에 걸린 빛바랜 흑백 사진을 보는 듯한 애절한 감흥이 오랫동안 가슴을 적셨습니다.

# 090
# 신비의 음료를 마셨습니다

요즘 봄철 대심방을 하고 있습니다. 작년에는 가정별로 심방을 했었는데 이번에는 구역별로 한 가정에 모여서 함께 예배를 드리고 있습니다. 예배도 좋지만 각 구역의 식구들과 함께 목회 사역의 방향을 제시하고 서로의 삶과 신앙을 격려하는 시간들이 참 좋습니다. 상황이 되면 식사나 조촐한 다과를 나누며 교제도 나눕니다. 예배와 만남, 식사, 격려, 간식, 교제, 웃음과 눈물, 나눔과 사랑이 묻어나는 풍성한 시간들입니다. 만나는 구역마다 독특하고 새로운 다른 색깔의 행복이 있습니다.

가는 곳마다 감동과 행복이 있지만 갈렙 2구역 예배 때 특별히 재미있는 일이 있었습니다. 지난 수요일 오후에 하 집사님 댁에서 예배를 드렸지요. 갈렙 2구역은 김영순 권사님과 하태자 안수집사님이 이끄는 구역인데 어르신들이 참 많습니다. 예배 시간 한참 전부터 둥근 상을 펴고 방석을 놓아 담임목사의 자리를 마련하고는 한참을 기다리신 것 같습니다. 저와 교역자들이 들어서자마자 박수를 치면서 환영하십니다. 옹기종기 모여 앉아서 예배를 드렸습니다. 구부정한 자세로 앉아 세월의 연륜이 묻어나는 투박한 손으로 천천히 성경을 찾으시는 어르신들의 손길이 애잔한 감동으로 다가옵니다. 예배를 마치고 다과를 나누는 시간입니다. 하 집사님의 정성이 가득한 간식들이 줄줄이 나옵니다. 정말 맛있는 찐 감자가 입맛을 당깁니다. 양과자도 있고 속에 달걀을 넣은 토스트도 나옵니다. 여름 감기가 걸려서 더 좋은 음식을 준비하지 못해 미안하다고 말씀을 하시면서 연신 먹을 것을 내오십니다. 진짜 좋아하는 사람에게만 줄 수 있는 사랑의 대접인 것이 느껴져서 송구할 정도의 감사가 느껴집니다.

그런데 문득 제 자리 앞에 놓인 음료잔들을 보니 피식 웃음이 납니다. 목 마르실테니 일단 한 잔 마시라면서 시원한 매실차를 주시더군요. 그리곤 따뜻한 녹차 한잔 하시랍니다. 이어서 우리 목사님 커피를 좋아하신다며 커피도 주셨습니다. 혹시 단술도 드시냐면서 식혜까지 올려놓습니다. 내 앞에 컵이 자그마치 네 개가 주르륵 놓여있습니다. 시원한 매실차, 따뜻한 녹차, 구수한 원두커피, 달콤한 식혜... 오늘 정말 피곤했거든요. 새벽예배 후부터 양육반과 계속되는 심방 스케줄에다 JS 티비 방송인터뷰가 있었고 이 구역 예배 후엔 수요예배 설교까지 남겨두고 있어서 피로와 부담이 쌓여있었는데 내 앞에 놓여 있는 네 잔의 음료수가 그것들을 싹 녹여버리고 있습니다. 한 번에 시원하고 따뜻하고 구수하고 달콤한 맛을 내는 신비의 음료입니다. 그 신비한 사랑의 에너지가 몸 속 깊이 젖어듭니다.

오늘 저는 세상에서 제일 맛있는 차를 마시고 왔습니다.

# 091

## 명령이 아니고 조언이니까...

미국에서 대학을 다니고 있는 의환이에게 고민이 생겼답니다. KCCC 간사님이 4학년이 되어도 선교단체 임원을 맡아 달라시면서 월요일까지 기도해보고 답을 하라고 한답니다. 원래는 3학년이 임원을 맡는 것인데 간사님이 보기에 3학년 아이들이 좀 약해 보였나봅니다. 의환이 입장에서는 고민이 큰 것 같습니다. 사양하자니 주님의 일을 거절하는 것 같기도 하고 맡자니 여러 가지로 걸리는 문제들이 있나봅니다. 아내를 통해서 이야기를 듣고는 바로 기도와 묵상으로 정리를 하고 의환이에게 문자를 보냈습니다.

사랑하고 기대하는 아들! 네가 자는 시간이라서 카톡으로 한다. 엄마한테 너의 사역적, 신앙적 고민을 들었다. 먼저 거룩한 고민을 칭찬한다. 아빠도 젊은이 사역자로서 좋은 조언을 할 수 있으리라 생각하며 몇 가지 아빠의 견해를 전해본다.

1. 일단 CCC 사역은 한두 해 하고 그만둘 사역이 아니고 주님 오실 때까지의 사역인데 지금 3학년이 약하다고 4학년이 임원직을 맡는 것은 장기적으로 손해라고 생각한다. 당장은 편해도 다음 번에는 더 어려워질 수 있다. 인물 중심의 사역보다 시스템을 정상적으로 진행하는 것이 좋다. CCC를 위해서 뒤로 빠져주는 것이 좋겠다.

2. 그 동안 찬양팀 리더, 워쉽팀, 총무, 순장 등 앞에 서는 사역을 했으니 이제는 조용히 앉아서 주님과의 관계에 주목하는 경건 훈련의 기간을 갖는 것이 너에게도 좋을 것 같다. 새벽 기도와 큐티 등을 통해서 주님을 인격적으로 만나고 "뭔가 허전한 신앙의 공백기"를 갖는 것이 꼭 필요하다고 생각한다. 그것이 더 알차고 성숙한 신앙인이 되는 훈련이다.

3. 또 하나님이 귀하게 쓰실 너의 인생 전체를 볼 때 지금은 대학원 과정과 실력 향상을 위해서 인고의 시간을 갖는 것이 사명이라 확신한다. 너의 집무실이 있는 영향력 있는 리더가 되어서 주님께서 더 편하고 크게 쓰실 수 있도록 큰 그릇을 준비하거라. 마치 임신한 신부의 최고의 사명은 뱃속의 아이를 안전하게 잘 키우는 것이듯이... 만삭의 임산부가 축구 잘한다고 축구를 계속 할 수는 없는 것과 같은 이치이지. 예가 좀 유치한가? 암튼 4학년은 "엉력(엉덩이 힘)"을 발휘할 때인 것 같다.

4. 졸업반 선배는 앞에 나서서 직접 뛰는 것보다는 뒤에서 지지하고 팀과 멤버들의 부족한 것을 채워 주는 것이 더 아름답고 효과적이다.

5. 아빠의 의견과 기도 결과는 이렇다. 너도 기도해보고 주님 뜻에 순복해서 좋은 결정하기를 바란다. 아들아. 사랑한다.

― 태평양 건너에서도 늘 아들의 손을 잡고 있는 멋진 아빠가!

아빠가 이 정도로 써서 보냈으면 "그렇게 할게요" 할줄 알았는데 다음 날 전화 통화에서 아들놈은.. "아빠 땡큐! 기도해 보고 잘 결정할게!" 합니다. 쩝...

# 092

## 이런 행복도 있습니다

작년 말부터 돈을 모으기 시작했었습니다. 백만 원을 목표로 모았는데 거의 됐다 싶으면 급하게 쓸 곳이 생겨서 몇 번을 실패하다가 드디어 며칠 전에 드디어 목표를 달성했습니다.

요즘 트렌드인 태블릿PC나 나만의 작은 노트북을 갖고 싶은 소박한 욕심이 생겨서 저축 작전을 시행했던 거죠. 요즘 목사님들 모임에 가보면 나보다 나이 많으신 목사님들도 이런 것을 이용해서 메모도 하고 설교도 준비하시는데 참 좋아 보이기도 했고 나만 시대에 뒤떨어지는 것 같은 불안감이 어린아이 같은 꿈을 키우게 한 원동력이 되었습니다.

설날이 지나고 수고한 아내를 격려하고 칭찬하기 위해서 외식을 했습니다. 식사를 마치고 주차장으로 걸어가는데 마침 전자제품 매장이 있었습니다. 문득 둘러보고 싶은 생각이 들어서 하영이에게 "한번 들어가 볼까?" 했습니다. 하영이는 기다렸다는 듯이 "엉. 나도 보고 싶은 게 있는데.."하더니 앞서서 매장 문을 엽니다. 내심 살짝 불안한 마음이 듭니다.

사실 며칠 전부터 마음에 갈등이 있었습니다. 하영이는 미국 대학을 다니는데 한국에 있을 때는 인터넷을 통하여 수업도 듣고 숙제도 해서 제출을 합니다. 하영이에게 노트북은 학교와 같지요. 미국과는 시차가 있어서 밤낮을 바꿔서 혼자 공부하는 것이 늘 안쓰럽고 미안하기도 했는데 얼마 전부터 노트북이 고장이 나서 속을 끓인다는 말을 들었습니다. 모르는 척 하고 있었지만 마음 한편에 부담은 있었지요.

매장 안엘 들어가더니 신형 노트북 앞으로 빨려들듯이 다가섭니다. 마치 제 것인양 이리저리 작동을 하면서 감탄하는 모습을 바라보며 저절로 지갑으로 손이 갔습니다. 몇 개월간의 노력이 수포로 돌아가는 순간입니다. 그런데 이상하게 하나도 아쉽거나 아깝지가 않습니다. 기꺼이 기쁨으로 내 꿈을 빨리 포기합니다. 카드를 종업원에게 넘기며 "결제해 주세요"했더니 아내와 하영이가 그야말로 "깜놀"합니다. 뭐에 홀린 것 같은 표정으로 왜 이러느냐는 듯이 막아섭니다. 결제를 마치고 노트북을 받아들고도 상황 파악이 안되는 표정입니다. 멘붕 상태에서 이런 말들로 기쁨을 표현하더군요.

"이게 웬일인가? 40일 새벽 기도의 응답인가? 꿈같아서 꼬집어봤다, 이런 결단력이 아빠를 성공하게 만들었다, 앞으로 더 열심히 공부하겠다, 아빠께 충성을 다하겠다. 아빠, 사랑합니다. 감사합니다. 앗싸!!!"

내 노트북을 산 것보다 백 배는 더 기쁘고 행복했습니다. 히히...

# 093

## 슬픈 사진 찍기 놀이

전화벨이 울렸습니다. "큰 오빠, 저 미영이예요." 가슴이 덜컥 내려앉습니다. 제가 아끼는 사촌 동생인데 남편이 작년부터 암으로 투병을 하고 있었기에 갑자기 전화가 오는 것은 무척 긴장되는 일입니다.

아니나 다를까 병원에서 이번 주를 넘기기 어렵다고 선고했답니다. 남편이 너무 아파서 옆에서 두고 볼 수가 없답니다. 몰핀을 투여해도 소용이 없답니다. 엉엉 울면서 기도를 부탁합니다. 낫게 해달라는 것이 아니라 고통 없이 잘 갈 수 있도록 기도해 달랍니다. 동생의 아픔과 안타까움을 절실히 느낄 수 있는 안타까운 기도 부탁입니다. 오죽하면 그런 기도를 부탁할까를 생각하니 가슴이 메여옵니다.

그리곤 오빠가 바쁜 것은 알지만 꼭 병원에 와서 마지막 예배를 드려달라고 부탁을 합니다. 다른 스케줄들을 뒤로 하고 지난 토요일에 서울로 가서 예배를 드리고 왔습니다. 결국 그 예배가 마지막 예배가 되었습니다. 초등학교 3학년과 유치원을 다니는 두 딸과 사랑하는 아내를 두고 42세의 젊은 나이에 세상을 뒤로 했습니다. 초등학교를 다니는 딸아이의 이야기가 더욱 가슴을 아프게 합니다. 아빠가 죽은 것을 모르고 아빠에게 줄 편지를 써가지고 병원엘 왔다가 영정사진을 보고는 나뒹굴면서 오열을 했답니다. 편지에 아빠가 좋아하는 아이스크림을 그려 넣고는 아빠 보약이라고 써놓고 "아빠, 이 약 먹고 얼른 나아서 나랑 놀아줘" 라고 썼답니다.

유치원을 다니는 막내는 꽃으로 장식된 아빠의 영정 사진이 예뻐 보였는지 엄마 핸드폰으로 연신 사진을 찍어대며 놀고 있습니다. 생글거리며 아빠 사진을 찍는 모습을 보면서 아무도 말리지 못하고 가슴 아픈 눈물만 흘립니다. 이렇게 슬픈 사진 찍기 놀이도 있습니다. 당연한 말이지만 사람이 죽는 것은 너무나 마음 아픈 일입니다. 특히 젊은 사람들이 병이나 사고로 죽는 것은 너무 견디기 힘든 일입니다. 정말로 사람들이 이렇게 죽지 않았으면 좋겠습니다. 미영이에게 뭐라 위로할 말이 없습니다. 그냥 끌어 안고 같이 울고 있는 아내의 모습이 보입니다. 그 방법이 최선임을 느낍니다. 얼마 전에 가족 여행을 다녀왔다면서 사진들을 보여줍니다. 눈물이 맺힌 채로 미소를 보이며 사진 속의 남편을 자랑합니다. 그러고는 이렇게 여행이라도 다녀와서 참 다행이라며 위로를 받더군요. 남편을 먼저 보내고 돌아보니 애들 키우고 일하고 싸우고 지지고 볶으면서 열심히 살았는데... 행복한 기억은 같이 재미있게 잘 놀던 것이랍니다.

우리는 너무 야박하고 치열하게 살고 있는 것은 아닌가를 생각해 봅니다. 재미있게 잘 노는 행복한 기억들을 많이 만들며 살아야겠습니다.

# 094

# 할렐루야! 베개를 찾았습니다

지난 월요일부터 수요일까지 경주에서 부산 성시화운동본부가 주최한 목회자 수련회가 있었습니다. 제게도 발제시간이 주어져서 "역삼각형 인구구조로 위기를 맞은 한국교회 회복의 대안으로서 국기 게양대 기도회를 통한 후세대 복음화 사역의 제안"이라는 폼나는 제목으로 강의를 했습니다. 참석한 각 교회들이 국기 게양대 기도운동 교문 기도 에 동참할 것을 결단하며 교회인근학교를 영적 입양을 하는 입양 신청서를 작성해 제출하기도 했습니다. 정말 일할 맛이 났습니다.

수요일 새벽에 극동방송국 직원예배 설교 스케줄이 잡혀 있어서 강의 후 바로 부산으로 돌아왔습니다. 몸은 피곤하지만 마음은 뿌듯함과 감사함으로 기쁨이 충만하고 마냥 행복했습니다. 적어도 침대에 눕기 전까지는 말입니다. 대충 씻고 내일을 위해 침대에 몸을 던졌는데... 아뿔싸 베개가 없었습니다. 뜨악! 수련회에 가져갔던 베개를 호텔에 두고 왔던 것입니다. 저는 성격이 까다로운 건지 민감한 건지 몰라도 제가 베던 베개가 아니면 밤을 잘 못잡니다. 그래서 부흥회나 수련회를 가도 가능하면 제 베개를 가지고 다닙니다. 숙면이 다음 날 사역에 중요한 에너지가 되거든요. 이번에도 베개를 가지고 경주까지 가서 잘 자고는 호텔 침대 이불 속에다 베개를 두고 그냥 나온 것입니다. 공연히 아내에게 투정을 합니다. 저는 다시 경주로 가서라도 정든 그 베개를 찾아올 기세입니다. "아직 수련회 중이니까 빨리 최상림 목사님께 전화해서 찾아달라고 하세요." 아내도 급한 마음에 아이디어를 냅니다. 바쁘게 수련회를 이끄는 사무국장 목사님께 이런 부탁을 하기가 미안했지만 문자를 보냈습니다. 최 목사님으로부터 즉각 전화가 오고 호텔 카운터의 직원과도 전화 연결을 해줘서 설명을 했습니다. 최 목사님은 그 직원들의 느긋한 태도가 못미더웠던지 제가 묵었던 8층까지 올라가서 청소하시는 아주머니를 수소문해 만나서 직접 베개를 찾아 들고 내려왔답니다. 그저 하찮은 물건으로 여겼으면 그렇게까지 하지 않았을 텐데 저의 애틋한 마음을 읽은 최 목사님은 최선을 다해서 찾아주신 것입니다. 참 고마운 분입니다.

수요예배 설교를 시작하려는데 수련회를 마치고 피곤에 지친 최 목사님이 본당 문을 열고 들어옵니다. 내일 전달해 주셔도 되는데 아마도 하루 밤이라도 더 편하게 자게하려고 베개를 들고 우리 교회까지 찾아오신 것이 분명합니다. 다른 사람들에게는 별거 아닌 물건이지만 정작 본인에게는 소중한 것들이 있지요. 그 베개가 제게는 그런 물건입니다. 아내가 시집 올 때 할머니가 만들어 주셔서 가져온 부부 베개를 리폼해서 만든 특별한 의미의 베개이고 제 머리에 잘 길들여진 소중한 놈입니다. 제가 소중하게 여기는 것을 함께 소중하게 여겨준 최목사님이 참 고맙습니다. 빠른 시일 안에 꼭 맛있는 식사를 대접하겠습니다. 밥값이 베개 값보다 훨씬 더 들더라도 말입니다.

# 095

# 빈 자리 잘 찾아서 앉아라

지난 주일 밤에 후배 목사님이 갑자기 부산을 방문했었습니다. 서울 금호
교회를 담임하는 주용택 목사님입니다. 약 20년 전에 제가 춘천에서 교회
를 개척하고 사역할 때 함께 동역했던 분으로 늘 신실하고 열정적인 사역
자로 기억되는 좋은 동생입니다. 몇 가지 중요한 결정을 해야 하는데 저와
상의하고 결정하고 싶어서 왔답니다. 큰 도움이야 못되었겠지만 그 마음
이 고마워 최선을 다해 조언을 하고 문제들을 정리하고 풀어갔습니다. 해
답을 찾았다고 좋아해주는 목사님의 미소에 오히려 내가 힘이 났습니다.

숙제를 마친 아이처럼 홀가분한 마음으로 식사를 하고 늦은 밤까지 지난 이
야기를 하며 회포를 풀었지요. 춘천에서 사역할 때의 이야기를 하는데 가
슴이 뭉클했습니다. "어느 날 형님이 저한테 한 주간 내내 새벽예배 설교를
하라고 하셨어요. 그때까지 어른 설교를 별로 해본 적이 없어서 굉장히 부
담이 되었었죠"하면서 이야기를 시작했습니다. 새벽예배 설교를 열심히 준
비하고 새벽 일찍 교회를 들어갔는데 그날따라 교인들이 아무도 없더랍니
다. 예배 시간이 지나도록 결국 한 명도 나오지 않아서 고민하다가 그냥 개
인기도나 해야겠다고 생각하고 고개를 숙였는데 가슴을 울리는 큰 소리가

들렸답니다. "얘야, 나는 왔다~ " 분명한 주님의 음성이었답니다. 벌떡 일어나서 강단으로 올라가 마이크를 켜고 회개하는 심정으로 예배를 시작했다는 군요. 예배를 받으실 주님이 계시고 예배를 드릴 예배자가 있으니 충분한 것이지요. 그때까지 목회자는 사람들의 예배를 인도하는 사람이라고 생각했었는데 그것을 회개했답니다. 예배인도자가 아니라 예배자였음을 깨달은 거지요.

묵도를 하고 신앙고백을 드리고 힘차게 찬송을 하고 설교를 시작했답니다. 주님만을 주목하며 정말 신실한 마음으로 예배를 드리는 행복한 순간이었답니다. 그렇지만 사실은 텅 빈 교회에서 마이크를 들고 혼자서 설교를 하는 것이 많이 어색하고 불편하더랍니다. 그런데 그때 다시 마음에 강렬한 음성이 들렸습니다. "얘~ 내가 오면 혼자서 왔겠니?"하는 음성을 듣고 고개를 들어 예배당 안을 보니 엄청난 숫자의 천사들이 함께 예배하고 있음을 느낄 수 있었답니다. 한 의자에 천사를 다섯 명씩 나누어 앉히고도 자리가 모자라서 양쪽 벽을 트고 중이층을 만들어 앉힌 후에 다시 설교를 시작했습니다. 사실 몇 년 후에 그 그림대로 교회가 건축되어졌습니다. 놀라운 일이지요. 암튼, 가슴 벅차게 눈물까지 글썽이며 설교를 하고 있는데 교회 문이 열리더니 한 여학생이 고개를 갸우뚱 하면서 들어오더랍니다. 아무도 없는데 울면서 설교하고 있는 전도사님의 모습이 이상했을 겁니다. 쭈뼛쭈뼛 들어오는 그 학생을 향해서 한 말이 참 걸작입니다.

"지애야~ 빈자리 잘 찾아서 앉아라" 그리곤 설교를 계속했답니다.

# 096

# 너무 재미있다 싶으면, 끊어라!

운동을 마치고 샤워를 하기 위해서 사우나엘 들어갔습니다. 왁자지껄하는 소리와 함께 서너 명의 청소년들이 목욕탕으로 들어왔습니다. 친구들이 함께 놀러온 모양입니다. 전 왠지 청소년들을 보기만 해도 기분이 좋습니다. 그런데 그들의 손에 작은 비닐팩이 하나씩 들려 있습니다. 분명 목욕용품을 담는 가방은 아닙니다. 아이들은 하나같이 그 작은 팩을 손에 든 채 물 안으로 들어갑니다. 도대체 그게 뭔지 정말 궁금했습니다. 잠시 후 그 궁금증이 풀렸습니다. 전화벨이 울리더니 그 중 한 친구가 그 팩을 귀에 대고 탕 안에서 통화를 합니다. 전화기를 담는 방수팩이었습니다. 목욕탕 안에서도 전화기가 습기나 물에 영향을 받지 않도록 방수팩에 담아서 들고 들어온 것입니다.

참 편리하겠다는 생각도 들었지만 그래도 무슨 학생들이 그리 초를 다투는 긴급 통화가 있기에 목욕탕 안에서까지 통화를 해야 하는가 하는 생각이 들었습니다. 그 후에도 이 친구들은 전화기를 든 채로 냉탕, 온탕, 사우나를 번갈아 다니며 목욕을 하더군요. 스마트폰을 잠시도 내려놓지 못하는 이 시대 아이들의 현주소입니다. 그야말로 "스마트폰은 나의 목자시니 내게 부족함이 없으리로다. 페이스북과 카카오톡이 나를 지키시는도다…"하는 시대가 되어버렸습니다. 뭐든지 과하면 화가 되는 법이지요. 요즘 아이들은 스마트 폰이 손에 없으면 불안해 한다는군요. 참 씁쓸한 기분이 들었습니다.

"불확실성의 시대"를 집필한 갈 브레이드를 비롯한 많은 사회학자들은 이 시대를 "과도한 중독의 시대"로 진단했습니다. 정작 중요한 것에는 손해를 보면서도 자신이 심취한 일에서 헤어나지 못하고 매여 사는 현상을 중독이라 하지요. 심리적 공허를 채우기 위해서 이 시대 많은 사람들이 무언가에 중독되어 살아가고 있습니다. 중독으로 인해서 주위의 소중한 사람들에게 아픔을 주거나 자신의 인생을 허비하는 경우가 너무나 많습니다. 정말 소중한 것들을 놓치게 만드는 이 중독의 모습에서 우리 젊은이들이 벗어나야겠습니다.

주변을 돌아보면 컴퓨터 게임과 스마트폰에 중독되어 인생의 중요한 가치와 심오한 관계들을 빼앗겨버린 기계 인간들이 참 많습니다. 안타까운 일입니다. 디지털의 빠름과 편리성이 고맙기도 하지만 요즘은 왠지 아날로그의 지루함이 서서히 그리워지기 시작합니다. 우리 모두가 좀 적당했으면 좋겠습니다.

스마트폰을 손에 쥐고 목욕을 하는 아이들을 보면서 언젠가 제 아버님이 제게 하셨던 말씀이 생각납니다. "상철아! 뭐든지 이거 너무 재미있다 싶으면, 바로 끊어라!"하셨었거든요. 그렇지요. 너무 재미있는 것은 위험한 것입니다.

# 097

# 후회 없는 좋은 결정이었습니다

지난 토요일 늦은 오후에 하영이가 문자를 보내왔습니다. 급한 일이 있어서 당장 춘천엘 다녀와야겠다는 겁니다. 무슨 일인가 싶어서 전화를 했습니다. 춘천에는 하영이가 어릴 적부터 지금까지 아주 가깝게 지내는 친구들이 몇 명 있습니다. 오랜 기간을 미국에 떨어져 있었음에도 변치 않는 우정이 참 대견스러운 친구들입니다. 하영이가 귀국한 이후에는 춘천과 부산을 오가며 진한 의리를 과시하기도 했었지요. 아마 유치원 때부터 만났던 친구들일 겁니다.

그런데 그 친구들 중 가윤이라는 친구의 엄마가 갑자기 쓰러져서 뇌수술을 받게 되었다는 겁니다. 가윤이가 울면서 전화를 했다면서 지금 KTX를 타고 서울에 가서 춘천가는 기차를 타면 밤 12시 이전에 도착할 수 있다면서 꼭 다녀와야 한다고 허락해 달랍니다. 주일 새벽에 첫차를 타고 내려오면 예배 시간 전에 부산에 다시 올 수 있다면서 가윤이를 잠깐이라도 보고 와야겠답니다.

아내는 하영이를 설득하기 시작합니다. 친구를 위하는 마음은 알겠는데 너무 늦은 밤에 혼자 서울을 거쳐서 춘천까지 가는 것도 불안하고, 새벽에 바로 내려와야 하는데 잠깐 얼굴 보려고 그 먼 길을 가는 것은 좋은 방법이 아닌 것 같다고. 그냥 여기서 기도하는 것이 나을 것 같다고 설득했습니다. 경비도 만만치 않게 들 것이고 사실 하영이는 월요일에 미국으로 나가야 하는데 몸에도 무리가 될 것 같기도 했었지요. 또 다른 이유는 하루 밤이라도 더 딸 자식이랑 같이 있다가 미국으로 보내고 싶은 부모의 마음도 있었습니다.

하지만 하영이는 막무가내입니다. 오히려 이놈이 엄마와 저를 설득하기 시작합니다. "내가 간다고 가윤이 엄마가 낫는 것도 아니고 돈이나 시간이나 몸으로 손해를 보는 것은 사실이지만 그보다 더 중요한 것은 슬픔을 당하고 힘들어 하는 친구를 위로해 주는 것이라고 생각해요. 엄마, 아빠! 나 지금 가지 않으면 가윤이에게 평생 미안하고 후회할 것 같아..." 그 말에 저는 "기차표는 있다니?" 하고 물었지요. 이 녀석, 무슨 배짱인지 이미 스케줄을 짜고 예약을 마친 상태였습니다. 거금 15만 원 건네주면서 "잘 다녀오고 주일예배 약속은 꼭 지켜라" 하고 잘 보내주었습니다.

결국 하영이는 새벽 네 시 반까지 진행된 가윤 엄마의 수술을 가윤이와 함께 지키다가 새벽 첫차로 내려와서 예배를 드렸습니다. 그리고 다음 날 큰일을 이룬 것 같은 밝은 얼굴로 미국으로 날아갔습니다. 참 좋은 결정이었던 것 같습니다.

# 098
# 멍청한 멋쟁이들

지난 목요일에는 JS 텔레비전 방송국엘 다녀왔습니다. 한 달에 한 번이라도 방송설교를 해달라는 부탁을 받고 매달 생방송으로 영상부흥회를 하고 있습니다. JS 방송국은 1987년에 캐나다에서 방송을 시작했으니 약 25년 역사를 가진 순수 복음방송입니다.

지금은 미국과 북중미 캐나다 전 지역에 케이블로 24시간 방송을 송출하고 있고 2008년에는 인터넷 방송을 시작했으며 이제 안드로이드 스마트폰 방송까지 실시하고 있습니다. 미국 LA에 본사가 있고 부산에 지사가 설립되어 방송을 통한 복음 사역을 잘 감당하고 있습니다. 부수적인 사역으로 선교방송신학원과 간병인센터도 운영하고 있습니다.

그런 오랜 역사와 이력들을 보면 엄청난 규모의 방송국처럼 보입니다. 그런데 실제로 가서 보면 모든 것들이 열악합니다. 허름한 빌딩의 한 층을 임대하여 최소한의 방송 장비로 사역을 감당하고 있습니다. 지난 달에는 방송국 직원들이 먹을 점심 식사를 준비하는 것을 보고 깜짝 놀랐습니다. 부실한 반찬에 안타까운 마음이 들어서 국밥을 대접하고 왔습니다. 국밥

한 그릇에 모처럼의 회식이라며 기뻐하는 모습이 오히려 송구스러웠습니다.

보수를 받지 않고 오로지 복음을 위하여 일하는 분들인데 참 힘들게 사역하고 있습니다. 설교를 하러 가면 늘 미리들 모여서 열심히 찬송을 하고 있습니다. 찬양팀을 제외하면 고작 서너 명이 앉아있습니다. 처음에는 그들의 모습이 정말 초라해 보였습니다. 그런데 시간이 지날수록 그 열정과 헌신이 마음으로 뜨겁게 전해지는 것을 느낍니다. 적은 숫자이지만 얼마나 최선을 다해서 열심히 찬양을 하고 예배를 드리는지 눈을 감고 들으면 수백 명이 함께 하는 것 같습니다. 참 희한합니다. 물론 방송 설교지만 열 명도 안되는 사람들을 앞에 두고 부흥회를 하는데도 매번 가슴이 뜨거워지는 것을 느낍니다. 설교를 통해서 그들에게 은혜를 끼치는 것보다 늘 제 자신이 뭔가를 가득 채우고 돌아오곤 합니다. 그분들의 순수하고 맑은 헌신의 모습을 통해서 내 안에 눌어붙어 있는 삶의 찌꺼기와 오염된 사역적 번민들이 맑아지는 느낌입니다. 제 영혼에 강렬한 화학 작용이 일어나는 것 같습니다.

그 분들은 돈도, 명예도, 누군가에게 인정받는 것도, 심지어 사역을 통한 결과마저도 관심이 없는 듯합니다. 그저 주님을 찬양하고 예배하며 복음을 위하여 열심히 봉사하는 것만이 목표라더군요. 주님을 사랑하기 때문이랍니다. 그래서 가난하고 버거운 사명을 감당하고 있지만 늘 감사하고 행복하답니다.

참 멋진 사람들입니다.

# 099
# 김밥의 힘

요즘 다음 세대 부흥과 학교복음화를 위한 부활절 경배와 찬양집회 준비로 바쁘고 버거운 시간을 보내고 있습니다. 물론 큰일을 하려면 늘 따라붙는, 마음을 힘들게 하고 위축시키는 악한 계략들도 여전하구요. 이제 웬만한 일은 그러려니 합니다.

지난 토요일이었습니다. 지친 몸과 마음을 이끌고 집엘 들어가는데 현관 문고리에 검은 비닐 봉지가 매달려 있었습니다. 누군가가 먹을 것을 가져다 놓은 것 같습니다. "뭐지? 누구지?"하면서 열어 보니 누군가가 김밥 네 줄을 정성스럽게 말아서 가져다 놓았습니다. 집으로 들고 들어가서 핸드폰을 열어보니 문자가 와 있었습니다.

"목사님, 맛은 없지만 김밥을 조금 챙겼는데 현관에 걸어놓을까요?" 어느 권사님의 문자였습니다. 아마도 교회에서 김밥을 싸다가 목사 생각이 나서 챙겨주신 것 같습니다. 김밥을 말다가 내 생각이 났다는 것이 그렇게 감사할 수가 없습니다. 시간이 얼마나 지났는지 김밥은 이미 식어버렸더군요. 그런데 그 식은 김밥 속에 담겨진 따뜻한 사랑이 지친 마음을 포근하게 합니다. 그러잖아도 아내와 저녁을 뭘 먹을까 고민하며 들어왔는데 마침 잘 됐습니다. 김밥은 역시 라면과 먹는 게 제격이죠.

양은 냄비에 라면을 끓였습니다. 파도 송송 썰어 넣고 계란도 풀어서 맛있는 라면을 끓였습니다. 그리곤 아내와 둘이 앉아서 사랑의 김밥을 먹었습니다. 기막힌 맛입니다. 라면 한 젓가락 먹고 김밥을 먹거나 라면 국물에 김밥을 담갔다가 먹는 것도 맛있지만 수저에 김밥을 올리고 그 위에 조심스럽게 라면을 올리고 그 위에 단무지나 김치를 얹어서 먹으면 입안 가득히 오묘한 맛의 향연이 펼쳐집니다. 참 조화로운 맛입니다. 아내와 함께 그렇게 저녁 식사를 마치고 나니 심란했던 기분이 확 풀립니다. 힘든 일이 있어서 마음이 많이 지쳐 있었는데 식은 김밥 속에 담겨 있는 따뜻한 사랑이 지친 마음을 풀어놓은 것 같습니다. 상황은 아무것도 변한 것이 없는데 마음은 완전히 치유가 됐습니다. 참 감사한 저녁입니다.

살다보면 작은 정성이 커다란 능력으로 나타나는 경우가 종종 있지요. 오늘 식은 김밥 한 줄이 그런 능력을 발휘 한 것 같습니다. 김밥 속에 담긴 "목사님을 기억하고 사랑합니다"라는 싸인이 회복과 치유의 능력을 발휘한 것이지요. 디저트로 귤 한 조각 집어 먹고는 기분 좋게 설교 준비를 하기 위해서 성경책을 펼쳤습니다. 평안한 마음으로 설교 준비를 하게 된 것이 참 감사합니다.

"김밥의 힘!"입니다.

# 100

# 박 목사의 박카스

지난 수요일... 빡빡한 일정에 몸도 마음도 지쳐 있었습니다. 요즘 부활절 청년 청소년 찬양집회인 "붕붕 프로젝트" 준비를 위해서 동분서주하면서 바쁘게 뛰고 있습니다. 복음화율 전국 최저이며 청소년 복음화율 4%의 부산의 복음 현실을 극복하기 위한 주님의 일하심인 것을 확신하며 열심히 사명을 감당하고 있습니다. 오늘따라 외부 사역 일정이 많이 잡혀 있습니다. 새벽 예배와 새벽 양육반 강의 후에 성시화운동본부 차세대위원회 모임이 있었습니다. 호산나교회 홍민기 목사님을 비롯해서 12개 사역단체의 대표들이 모였습니다. 그야말로 부산 청년 청소년 사역의 대가들이 모두 모였습니다. 참 아름답고 힘나는 모임이었습니다. 부산의 다음 세대 부흥을 위한 진지한 고민과 계획들을 나눴습니다.

회의 후에 급하게 롯데호텔로 갔습니다. 부산 롯데호텔의 이동호 전사장님과 총지배인과의 식사 약속이 잡혀있었지요. 서로 간의 간증과 사역을 나누며 "붕붕 프로젝트"를 소개했습니다. 총지배인님이 기꺼이 재정 후원을 하겠다며 격려를 합니다. 이것 때문에 이 모임을 허락하셨음을 깨닫고 섬세한 주님의 손길에 감사했습니다. 부족한 재정 때문에 염려하며 주님의 일하심을 간구했었는데 이렇게 수월하게 일들을 이루어가십니다. 나머지 부족분도 넉넉하게 채우실 것을 확실하게 믿습니다.

부전 교회로 달려갔습니다. 부산 기독교 총연합회 실무자 모임이 있었습니다. 얼마 남지 않은 집회의 구체적인 계획들을 정리했습니다. 청소년사역단체의 대표자들을 몇 명 더 만나고 교회로 돌아왔습니다. 피곤이 극에 달한 것 같았습니다. 입에서 단내가 나고 몸이 후들거립니다. 아마도 사역이 아니고 돈 버는 일이라면 이렇게까지 못했을 것 같습니다.

지친 몸으로 교회에 도착하니 수요예배 시간이 다 되어갑니다. 교회 식당을 지나서 권사실 앞을 지나가는데 방 안에서 찬송 소리가 들려옵니다. 권사님들이 예배 전에 중보기도를 하시는 것 같았습니다. 문 앞에 잠시 서서 감사와 위로를 느낍니다. 목양실로 가기 위해서 계단에 올라서는데 이번엔 예루살렘실 안에서 찬송 소리가 들려옵니다. 살짝 문을 열고 보니 거기서도 몇몇 분이 모여서 기도 모임을 하고 있습니다. 코끝이 찡하고 가슴이 울컥합니다. 이것이 모리아의 저력이고 이것이 박 목사 사역의 원천이며 에너지임을 느낍니다.

지치고 피곤한 몸과 마음에 신선한 새 바람이 불어옵니다. 정말 피로가 확 풀리고 기분이 막 좋아지기 시작합니다. 절대로 과장된 표현이 아닙니다. 온 몸과 마음에 새 힘이 확 솟아오릅니다. 요즘 유행하는 피로회복제 광고 문구가 문득 떠오릅니다. 이것이 "박 목사의 박카스"였습니다.

# 101
# 둥둥 칙칙 퉁 티디딕

JS TV 라는 방송국이 있습니다. 한국에서보다 미국과 캐나다에서 더 잘 알려진 방송이지요. 위성 안테나와 인터넷을 통해서 시청할 수 있는 복음방송입니다. 텔레비전을 통해서 예수 그리스도의 복음을 전하기 위해 20여 년 전에 미국 LA에서 시작된 방송인데 지금은 부산에도 지부가 있습니다.

몇 년 전부터 저도 영상부흥회란 이름으로 방송 설교에 참여하고 있으며 우리 교회에서의 주일설교도 일 주일에 네 번 정도 방송되고 있습니다. 늘 방송국엘 갈 때마다 열악한 환경에서도 복음을 위해서 애쓰고 있는 방송국 직원들의 수고와 열정에 감동을 받습니다. 대부분의 직원들이 무보수로 자원 봉사를 하고 있다는 것을 알기에 더욱 안타까운 마음과 존경의 마음으로 동역하고 있습니다.

특히 예배 전 찬양 시간에 큰 감동과 은혜를 경험합니다. 늘 그렇지만 지난 주에는 더욱 강렬하고 풍성한 은혜를 느꼈습니다. 강단에서 여전도사님이

기타를 치면서 찬양을 인도하시고 옆에서 두 명의 형제자매가 함께 찬양을 드립니다. 낡은 키보드와 드럼 한 대가 악기의 전부입니다. 찬양을 인도하는 인원수가 많은 것도 아니고 값비싼 악기들이 동원된 것도 아닌데 그야말로 찬양 소리가 "많은 물소리"같습니다. 하늘로 빨려 올라가는 듯한 영성 깊은 찬양에 가슴이 뜨겁습니다.

눈을 감고 함께 찬양을 드리다가 문득 눈을 떴습니다. 키보드와 통기타 그리고 드럼과 목소리가 전부인 찬양인데 명쾌하게 딱 맞아떨어지는 듯한 깔끔함이 음악에 무지한 제 귀에도 감동으로 들려졌기 때문입니다. 이내 그 상큼함의 이유를 알 수가 있었습니다. 그 조화로움의 일등 공신은 드럼이었습니다. 한 젊은이가 구석에 앉아서 드럼을 치는데 있는 듯 없는 듯 박자를 맞춰가는 것이 아주 환상적입니다. "둥둥 칙칙 퉁 티디딕.. 쿵..착착 쿵쿵..착착... "

절대 드럼 소리가 앞서는 법이 없습니다. 그 동안 내가 들었던 드럼은 늘 박자를 주도하고 현란한 소리로 청중의 시선을 주목하게 만드는 악기였습니다. 그런데 이 친구는 찬양의 가사가 분명히 들리도록 다른 악기들의 소리에 묻혀서 마디마디를 절묘하게 연결합니다. 제가 알기로 이 드러머는 굉장한 실력을 갖춘 전문 찬양사역자인데 너무나 평범하게 "둥둥 칙칙 퉁 티디딕.. 쿵..착착 쿵쿵..착착..." 합니다. 그렇습니다. 실력 너머에 절제가 있었습니다. 있는 힘을 다 해서 스틱을 휘둘러대며 불협 화음을 내고 있는 나의 어설픈 인생 연주가 부끄럽게 느껴졌습니다. 역시 실력 너머에 절제가 있었습니다.

# 102
# 최고의 신경통 치료제

제게는 몇 가지 연약한 부분이 있습니다. 그 중에 하나가 조금 무리하고 신경을 쓰면 무릎에 통증이 오는 것입니다. 참 부실한 사람이지요. 그런데 지난 주간에 그 증상이 나타나기 시작했습니다. 요즘 사역 일정이 좀 빡빡하고 신경쓸 일이 많아서 그랬나봅니다.

무릎이 아프기 시작하면 한편으로는 자신을 돌아보고 주님의 음성을 듣는 기회로 삼기도 합니다. 시편 109편에 "남을 저주하고 비난하면 그것이 자기 몸과 뼈 속으로 들어간다"는 말씀을 두려움으로 묵상하기도 하고 잠언 17장에 "심령의 근심은 뼈를 마르게 한다"는 말씀을 붙잡고 마음의 평강을 기도하기도 합니다.

아무튼 무릎이 아프기 시작하면 몸과 마음이 좀 쉬어야 한다는 신호인데 그럴 상황이 안됐습니다. 사람들에게 무릎이 아프다고 하면 뚱뚱해서 그렇다고 할까봐 말도 못하고 있었지요. 진통제를 먹고 무릎에 파스도 붙이고 붕대를 감고 주일예배를 인도했습니다. 주일을 지나고 나니 통증이 점점 더 심합니다. 월요일에는 부산 성시화운동본부의 목회자 수련회가 경주에서 있었습니다. 다음 세대 사역에 관한 강의가 배정되어 있어서 안갈 수도 없습니다. 월요일 오후에 아내에게 운전을 부탁하고 수련회를 갔습니다. 부산의 90여 교회 목사님 부부들이 모였습니다. 그분들 중에 평소부터 마음을 열고 고민과 즐거움과 사역을 나누며 친하게 지내는 반가운 목사님 부부들도 있었습니다.

저녁시간에 한 방으로 모였습니다. 작은 호텔방에 꽉 차게 둘러 앉아서 커피타임을 가졌습니다. 이런저런 이야기로 시간가는 줄 모르는 즐거운 시간을 보냈지요. 옆방의 사람들에게 미안할 정도로 웃고 떠들며 새벽녘까지 마음을 풀고 사역을 나누고 사는 이야기들을 하며 행복한 시간을 가졌습니다. 커피를 몇 잔을 마시고도 시간이 한참 흐른 뒤에야 다음 날의 일정들을 생각하며 아쉬운 마음들을 안고 각자의 방으로 흩어졌습니다. 제방으로 가기 위해서 복도를 걸어 나오는데 아내가 묻습니다. "당신 무릎 좀 괜찮아졌어요?" 어? 참 희한한 일입니다. 전혀 아프지 않았습니다. 무릎을 굽혔다 폈다 해봤습니다. 하나도 안아픕니다. 정말 신경통은 신경을 많이 쓰면 아프기 때문에 신경통인가 봅니다. 좋은 사람들 만나서 마음을 풀고 웃고 떠들고 한 것이 그 어떤 약보다도 치료 효과가 있었습니다.

역시... 친구는 최고의 신경통 치료제입니다. 강의를 마치고 부산으로 돌아올 때는 기분좋게 제가 운전을 하고 왔습니다.

# 103

## 형! 고마워...

충남 광천성결교회에 부흥회를 다녀왔습니다. 오래 전부터 약속이 되어 있었는데 부활절 경배와 찬양 집회 때문에 한 주간을 미뤄서 다녀왔지요. 신학교 때부터 특별하게 지내던 후배 목사님이 약 2년 전에 부임해서 목회하고 있는 작은 교회입니다.

부흥회를 인도하면서 작은 교회가 아니라 알찬 교회라는 표현이 맞는다는 생각을 했습니다. 서영진 목사의 부임 후부터 더 좋아졌다고 성도들이 아낌없이 담임 목사 자랑을 합니다. 정말 잘 다듬어진 좋은 교회입니다. 행복하게 부흥회를 마치고 부산으로 돌아오는데 서 목사는 기어이 기차 출입문 앞까지 짐을 들어다 줍니다.

그리곤 마치 사랑하는 사람을 군대에 보내는 연인의 표정으로 돌아서는 서 목사에게서 짙은 정과 아쉬움을 읽을 수 있었습니다.

기차 안에서 서 목사님이 건네준 편지를 꺼내 읽었습니다. "형! 고마워..."로 시작된 그의 편지는 차곡차곡 감사와 사랑을 담아서 이어졌습니다.

쉬운 곳도 아니었고 부흥회 강사를 부를 수 있는 여건도 아니었는데... 동생이라는 이유만으로 기쁨으로 부흥회를 승낙해주고 자신의 목회처럼 세밀하게 열심히 설교하시는 모습에 깊은 감동을 받았습니다. 혹시나 부족한 부분이 있었다면 사랑하는 동생이기에 넉넉한 형의 마음으로 덮어 주시고 이해하고 용서해 주시리라 믿습니다. 강단 위에 형과 함께 섰다는 것만으로도 저는 행복했습니다. 덤으로 얻은 기쁨은 3박 4일간 형과 함께 자고 함께 먹는 즐거움을 누렸다는 것이죠. 형님이 설교를 너무 잘해서 샘나기도 하고 부드러운 인상과 포근한 말투에 도전도 받고 배움도 얻는 좋은 시간이었지요. 우리 성도들도 너무나 행복한 부흥회였다고 감사해 하고 있습니다. 항상 건강하시고 형수님과 조카들과 함께 기쁨과 은혜가 충만한 가정이 되기를 기도합니다. 형! 고마워요. - 동생 영진이가

마음이 울컥합니다. 별 눈물날 내용도 아닌데 코 끝이 찡해지면서 눈물이 핑 돕니다. 이렇게 늙어가는 건가 봅니다. 창 밖으로 고개를 돌려서 주책없이 고인 눈물을 닦아내며 색다른 행복감에 젖어봅니다.

# 104

# 존경하는 동생 목사님!

2년 만에 미국 재입국 비자 연장과 말씀 사역을 위해서 미국을 방문하고 있습니다. 첫 방문지는 뉴욕입니다. 대학 다닐 때부터 절친하게 지내온 후배 목사님이 목회하는 뉴저지 늘찬양교회에 초청받았기 때문입니다. 교인 수 20명 정도의 작은 한인교회이지만 담임목사님의 사역적인 열정과 수고는 어느 큰 교회 못지 않은 감동과 뜨거움이 느껴집니다. 담임목사님까지 함께 서는 7명의 성가대 찬양은 천사들이 부르는 노래 소리 같습니다. 진한 감동과 은혜가 있었습니다.

늘찬양교회는 교세가 작고 재정이 어려워서 4년 전부터 담임목사님이 뉴욕 시내에서 택시 운전을 하고 사모님도 계속 일을 하면서 생계와 사역을 이어가고 있습니다. 어려운 여건 속에서도 목회의 사명을 잃지 않고 신실하게 사명을 감당하시는 모습이 아름답습니다. 사역의 일정을 마치고 늦은 밤이 돼서야 그 교회 담임목사님과 단둘이 마주 앉았습니다. 묵고 있는 호텔로 과일이며 컵라면을 비롯한 각종 간식들을 바리바리 싸가지고 왔습니다. 오랜만에 형을 만난 것이 꿈만 같다면서 이런저런 이야기들을 나누었습니다. 그런데 오랜 시간 비행 이후에 쉬지 못하고 사역을 하고 잠도 못잔 상태라 피곤이 몰려와서 머리가 띵하고 졸음이 쏟아집니다. "이제 그만 자자"고 말을 하려는 순간에 후배 목사가 진짜 속마음을 털어놓습니다. 느닷없이 "형... 나 요즘 많이 힘들어요"합니다. 그러면서 눈물을 글썽입니다. 잠이 확 달아나고 정신이 번쩍 듭니다.

밤새 택시 운전을 하고 가족과 교인들을 돌보고 목회 사역을 감당하기가 너무나 버겁다며 한탄을 합니다. 몸이 힘든 건 그나마 참을 만한데 가끔씩 겪는 수모는 목사로서 너무나 자존심이 상한답니다. 며칠 전에는 뉴욕 공항으로 손님을 모시러 나갔답니다. 젊은 사람이었답니다. 골프채와 가방을 끌고 뒤따라가고 있는데 그 어린 사람이 자꾸 반말로 명령을 하니까 못 견디도록 자존심이 상하더랍니다. 마음 속으로 "나는 목사다. 목회를 위해서 택시 운전을 하고 있는 거다"라고 수없이 되뇌이며 참고 또 참았답니다. 그 말을 들으며 가슴이 날카롭게 찢기는 것 같은 찌릿함이 느껴집니다. 두 번이나 상황 좋은 교회에서 청빙이 왔었는데도 스무 명도 채 안되는 이 교인들을 두고 떠날 수가 없어서 포기했답니다. "나는 택시 운전이라도 하면서 이 교회 사역을 할 수 있지만 내가 떠나면 누가 와서 이런 어려운 상황에서 교회를 꾸려나갈 수 있겠어요? 교회 문을 닫게 될 것 같아서 못 떠나고 주저앉았어요"합니다.

그런데... 아무런 대답도 못하고 묵묵히 듣고 있던 내 속에 묘한 기분이 듭니다. 고생하고 있는 후배 목사에 대한 속상함도 불쌍함도 안타까움도 아닌 존경스러운 마음이 가슴 속 깊은 곳에서 솟아오르고 있습니다.

# 105

## 눈물값

하나님의 강력한 도우심으로 미국에서의 모든 서류 절차를 마치고 정한 날짜에 조국으로 돌아가는 날입니다. 아이들이 여름학기를 해야 하기 때문에 아내와 아이들은 미국에 남아 있고 나만 돌아갑니다. 오랜만에 네 식구 모두가 모여서 꿈 같은 두 주간을 보냈습니다. 금요일 아침 일찍 라스베이거스의 공항으로 출발했습니다. 한국까지 직항으로 가면 편하기는 한데 주일 아침에 도착하는 스케줄밖에 없어서 좀 돌더라도 토요일 밤에 부산에 도착하는 비행기 스케줄을 잡았습니다. 라스베이거스에서 시애틀 터코마로 가서 도쿄 나리타공항을 거쳐서 부산으로 들어가는 긴 여정을 시작합니다.

그런데 이번에는 공항에 도착해서 차에서 짐을 내리는 것부터가 2년 전하고 확연하게 다릅니다. 전에는 내가 아이들 짐까지 차에서 내려서 끌고 가서 보딩을 했었는데 이제는 아이들이 내 가방을 하나씩 들고 뒤를 따릅니다. 빈 손으로 아내와 앞서 가면서 편안함과 가벼운 흐뭇함을 느낍니다. 공항 카운터에 가서도 자식들이 모든 수속을 마치고 짐을 부치더니 비행기 표를 받아들고 내게 설명을 해줍니다. "아빠. 시애틀에 도착하면 S게이트로 잘 찾아가고 나리타에서는 보딩을 다시 해야 돼요"옆에서 의환이가 거듭니다. "아빠. 짐은 부산까지 바로 가는 거니까 걱정하지 말고 시애틀 게이트 넘버 잘 기억하고 일본에서 표 다시 끊는 거 꼭 기억해!" 알았다고 하는 내게 표를 건네면서 하영이가 재차 확인을 합니다. "아빠가 다시 말해봐요. 잘 이해했는지. 휴~ 물가에 내놓은 아이 같아서.." 합니다. 녀석들, 참 많이 컸습니다. 대견하고 든든합니다. 한 명씩 포옹을 하고는 비행기를 탔습니다.

자리에 앉아서 음악을 들으며 잠을 청하는데 잠이 오질 않습니다. 자꾸 붉어진 눈으로 손을 흔들던 아내와 아이들이 생각납니다. 잠시 전에 봤는데 무척 보고 싶습니다. 비행기가 아니고 내가 운전하는 차였으면 당장 돌려서 다시 갔을텐데... 몸을 의자 뒤로 기대고 얼굴에 수건을 덮고 다시 잠을 청해 봅니다. 이어폰을 통해 들리는 낭만적인 컨츄리 음악의 만돌린 소리가 청아하게 한음 한음 가슴을 파고듭니다. 눈꺼풀을 화면으로 해서 가족들의 얼굴이 하나하나 선명하게 떠오릅니다. 잠시 전 헤어지던 그 모습이 아닌 깔깔대며 웃고 떠들고 장난치는 우리 가족 특유의 행복한 장면들이 입체 영화처럼 그려집니다. 피식 웃음이 납니다.

나는 분명히 웃고 있었는데 내 눈은 주책을 떱니다. 가족들로 인한 행복의 눈물인지 이별의 아쉬움 때문인지 알 수는 없지만 벌써 턱 밑에까지 뜨뜻한 눈물이 흘러내립니다. 덮고 있던 수건으로 슬쩍 눈물을 닦아내면서 "이 눈물값 하며 살아야지..."하며 어울리지 않는 어거지 각오를 해봅니다.

# 106

# 요즘 남자, 요즘 여자

지난 주일 밤에 인천 중앙지방회 청소년부와 경인 CTS 방송이 함께 하는 청소년 연합집회를 다녀왔습니다. 인천의 다음 세대 부흥을 위한 의미있고 은혜로운 사역이었습니다. 조촐하지만 잘 짜인 프로그램과 성령님의 역사하심이 있었던 풍성한 집회였지요. 찬양사역자 주리와 강찬의 찬양도 참 좋았습니다.

집회를 마치고 준비위원 목사님들과 다과를 나누며 교제하는 시간에 "인근 학교 영적 입양사역"에 관하여 소개를 하고 인천의 교단 교회들이 함께 할 것을 약속하기도 했습니다. 숙소에 도착하니 심령의 풍성함과 육체의 피곤함 그리고 사역의 계획들과 비전들로 인한 행복감이 밀려옵니다. 봄 프로젝트가 잘 마무리되어 더욱 감사하고 좋았습니다.

다음 날 아침에 성남에서 목회하는 친한 후배 목사님이 밥이라도 함께 먹자며 숙소로 찾아 왔습니다. 참 고마운 사람입니다. 이런 저런 이야기를 나누다가 점심 때가 다 돼서야 식당으로 갔습니다. 마침 제주 갈치집이 있어서 들어갔지요.

좀 이른 점심이라 손님은 우리밖에 없었습니다. 주인 아주머니가 반갑게 맞이하며 메뉴를 소개합니다. 그런데 가격이 장난이 아닙니다. 제주 생갈치가 1인분에 25,000원, 제주산 냉동 갈치가 18,000원, 수입산 냉동 갈치가 8,000원이랍니다. 아주머니는 자꾸 제주산 생갈치가 맛도 있고 물도 좋다고 합니다.

후배 목사와 서로 눈을 마주치다가 제가 미소를 지으며 입을 열었습니다. 농담반 진담반으로 "점심 한 끼 식사에 둘이 5만 원을 쓸 정도로 여유가 없어서요. 그냥 수입산 냉동 갈치조림 두 개 주세요" 했습니다. 멀끔하게 차려입은 신사들의 엄살에 주인 아주머니도 밝게 웃으며 "맛있게 해 드릴게요" 하십니다.

맛있게 먹고 있는데 다른 손님들이 들어옵니다. 편한 차림의 40대 중반 쯤으로 보이는 아주머니들 네 분이 와자지껄하게 들어왔습니다. 자리에 앉자마자 "아줌마! 여기 제주 생갈치 네 개 주세요."합니다. 후배 목사와 나는 민망한 듯 서로를 쳐다보며 다시 한 번 피식 웃습니다. 요즘 식당에 가면 여자들만 있고, 비싼 거 먹는 손님은 다 여자들이라는 소리를 들었는데 정말인가 봅니다. 우리는 간이 졸여서 못 먹는 것을 서슴없이 시키는 그 분들의 기세에 눌려 후다닥 먹고 일어났습니다.

계산을 하고 나오면서 후배목사가 묻지도 않은 말을 합니다. 차라리 말을 말지, 그 말이 나를 슬프게 합니다. "수입산 냉동 갈치도 맛있는데요. 뭐..."

# 107

# 빚쟁이와 신용불량자

모처럼 특별한 목적 없는 여행을 했습니다. 미국 애틀랜타에서 사역을 하고 있는 절친한 후배 목사가 방문을 해서 함께 총동문회를 가기 위한 여행입니다. 월요일 오후에 강원도 횡성에서 총동문회가 시작되는데 주일 밤에 출발을 했습니다. 커피 한 잔씩 사들고 천천히 운전을 하면서 여유로운 여행을 시작했습니다. 때마침 라디오에서 이문세의 붉은 노을이 흘러나옵니다. 어둠이 깔리기 시작하는 어스름한 저녁에는 누구라도 마음 한 구석이 촉촉해지는 법이지요. 거기에 따뜻한 커피 한 잔과 추억의 노래, 여유로운 마음에 좋은 친구까지 함께 있으니 금상첨화입니다. 이승훈 목사가 작은 목소리로 연신 "좋다~ 좋다~" 감탄을 하며 분위기를 띄웁니다. 아직 어디를 들러서 횡성으로 갈지를 결정하지 않은 상태입니다. 이 목사가 자기는 아직 대전을 못가봤다며 일단 그곳으로 가자고 합니다. 그러기로 했지요. 가다가 길이 막히면 아무 곳에나 내려서 자고 가면 그만이고 길이 잘 뚫리면 유성 온천에 가서 온천도 하고 내가 사역하던 고아원 구경도 시켜주겠다고 했습니다.

정말 편안하고 여유롭고 신나는 여행길입니다. 주일 밤인데도 길도 막히지 않고 유성엘 도착했습니다. 그쪽에서 목회하고 있는 친구를 불러내 늦은 식사를 하고 숙소에 들어왔습니다. 몸이 많이 피곤할 텐데도 시차 때문인지 이 목사는 새벽에 일찍 일어나서 움직입니다.

오랜만에 약 25년 전에 원목으로 사역하던 천양원엘 들렀습니다. 언제나처럼 원장 이연형 장로님이 반갑게 맞이해 주십니다. 녹차 한 잔씩을 놓고 장로님이 기도를 하십니다. 그 간절한 기도에 가슴이 뭉클하고 눈물이 핑 돕니다. 삶과 사역을 위해서 구석구석 구체적으로 기도를 해주셨습니다. 기도를 마치시고는 나를 위해서 지금까지도 잊지 않고 매 주일 아침마다 기도를 하신다는 말씀을 하시면서 다시 한 번 격려를 하십니다. 진솔하고 애틋한 사랑에 몸 둘 바를 모르겠습니다.

따뜻한 만남을 뒤로하고 횡성을 향하는 길에 이 목사가 말을 건넵니다. "형! 형은 아까 이 장로님이 형을 위해서 매주 기도 한다는 말에 굉장히 감격하던데요?" 질문에 대답을 하기도 전에 말을 이어갑니다. "그거 당연한 거 아녜요? 난 형을 위해서 매일 기도하는데... 형은 나 위해서 매일 기도 안해줘?"

그의 돌직구에 말문이 막힙니다. 사실 이 목사가 몸이 아프거나 문제가 있어서 특별히 기도를 부탁할 때 외에는 중보하지 못했었거든요. 미안한 마음에 매일 기도로 만날 것을 약속하고 계속 길을 갔습니다. 나는 "기도의 빚쟁이"입니다. "기도의 신용불량자"까지 되지는 않겠다고 다짐을 해봅니다.

# 108

# 또 하나의 성장 마디

대나무가 마디가 생기면서 성장하고 단단해져가듯 인생에도 중요한 마디를 통해서 성장하고 변화하는 경우가 있습니다. 사역도 같은 이치입니다. 나의 목회 사역도 몇 번의 성장과 변화의 마디를 경험했었습니다. 춘천에서 교회 개척을 통해서 목사로서의 정체성과 가치를 확인한 것과 미국 사역중에 후배 목사의 조언을 통한 성도들에 대한 존엄성과 애착을 갖게 된것, 그리고 선배 목사님의 권고를 계기로 감사에 대한 강렬한 능력을 경험하고 한층 업그레이드된 사역의 길을 걷게 된 것 등입니다.

얼마 전 또 하나의 성장 마디를 경험했습니다. 지난 월요일에 애틀랜타의 이승훈 목사가 미국으로 돌아가기 전에 이원호 목사님을 만나기를 원한다고 해서 춘천까지 동행을 했었습니다. 허름한 막국수집에서 2시간 정도의 짧은 만남이었지만 제게는 큰 깨달음의 시간이었습니다. 음식을 주문하고 기다리는 동안 이원호 목사님이 비장한 표정으로 말문을 엽니다. "상철아, 내가 30년 이상 부흥회를 하러 수천 교회를 다니면서 중요한 것을 깨달았다." 뭔가 분위기가 묵직합니다. 크게 부흥하고 행복한 교회와 정체되고 혼란스러운 교회의 분명한 차이점을 알게 되었다는 겁니다. 40년 목회의 핑

장한 노하우가 공개되는 순간입니다. 목사가 아무리 열심히 일하고 목회 프로그램이 좋아도 늘 그 자리인 교회가 있고 목사가 좀 부족하고 교회의 여건이 좋지 않아도 성령충만하고 크게 부흥하는 교회가 있더랍니다.

"그건 바로 찬송이다!" 성장하고 부흥하는 행복한 교회의 공통점은 "찬송이 살아 있는 교회"랍니다. 말씀도 봉사도 기도도 프로그램도 중요하지만 성령의 능력으로 교회가 부흥하는 원동력은 살아 있는 찬송이라며 몇 가지 실례를 들어서 설명을 해주셨습니다. 그리고 찬송의 능력은 교회뿐 아니라 개인의 인생이나 가정과 생업 가운데도 똑같이 적용되며 찬송이 살아야 인생이 산다고 강조했습니다. 어찌 보면 당연하고 뻔한 내용인데, 그 말씀이 진리가 되어 가슴을 파고듭니다. 막힌 가슴이 뻥 뚫리는 기분입니다. 마치 나의 사역과 교회를 진단하고 답을 주는 것 같은 명쾌한 해결책입니다.

운동 경기에서도 지는 팀은 응원가가 약해지고 군기 빠진 군인은 군가를 부르지 않는 것처럼 침몰하는 성도는 찬송을 부르지 않습니다. 사탄은 성도들의 찬송의 입을 막아 마음껏 유린하고 있는 것이죠. "찬송의 회복!" 가슴 뛰는 도전이었습니다. 부흥과 회복과 치유의 열쇠는 찬송이었습니다. 26년 목회의 길을 걸으며 중요한 순간마다 목사의 가치, 성도의 존엄과 영혼 사랑, 감사의 능력이라는 성장의 마디가 있었지요. 오늘, 찬송의 권세라는 또 하나의 성장 마디가 생겼습니다. 가슴이 벅차오릅니다.

# 109

# 제자를 존경해도 되나요?

지난 주간에 성남의 신흥교회에서 부흥회를 인도하고 왔습니다. 탄탄하고 건강한 교회여서 제가 오히려 더 은혜를 받고 힘을 얻는 시간이었습니다. 그런데 집회기간 중에 반가운 만남이 있었습니다. 춘천에서 사역할 때 양육했던 제자들이 찾아온 것입니다. 1992년도에 만나서 제자훈련을 했던 제자들이니 올해로 꼭 20년이 되는군요. 20년을 한결같이 찾아와 주는 제자들이 있어 참 감사했습니다.

세월이 참 빠릅니다. 제자들의 나이가 벌써 마흔이랍니다. 분당의 어느 식당에서 만나서 반갑고 감사한 삶의 이야기들을 나눴습니다. 이제는 네 아이의 엄마가 된 정혜가 감격스러운 간증을 합니다. 서울에서 초등학교 교사로 사역을 하고 있는 엘더 양육반 4기 제자입니다. 춘천에서의 양육 사역의 목표가 초등학교 교사가 되어 어린이 천 명 이상을 전도하는 것이었기에 교직 자체를 사역이라 부른다는 것입니다.

이번 방학의 종례식에서 학생들에게 공개적으로 복음을 전했답니다. 종례식을 마무리하면서 아이들에게 삶과 죽음에 관한 이야기와 간증으로 창조

주 하나님과 예수그리스도를 전한 것을 자세하게 말하며 감격의 눈물을 흘렸습니다. 가슴이 뭉클하고 코끝이 찡합니다. 나와 아내도 연신 눈물을 닦으며 간증을 들었습니다. 결국 자기네 반 학생 24명 모두가 그리스도를 영접하고 함께 기도를 하며 한 학년을 마무리했답니다. 참 멋지고 아름다운 일입니다. 그녀는 학교에서 공개적으로 복음을 전하는 것이 문제가 되어 징계를 당할 수 도 있다는 것을 잘 알고 있었습니다. 그 일에 대해서 담담하게 이렇게 이야기합니다.

"제가 복음을 전하기 위해서 교사가 됐으니 복음을 전하다가 학교에서 쫓겨난다 히더라도 감사한 일이지요."

어린이들을 가장 사랑하는 것은 그들이 지옥가지 않도록 복음을 전하는 일이기에 다른 어떤 것으로도 이 일을 막을 수는 없다는 것입니다.

저는 정혜와 제자들이 자랑스럽습니다. 학교 교단에서 담대하게 복음을 전한 것도 자랑스럽지만 자기 반 학생들 24명 전체가 선생님을 따르고 선생님이 믿는 예수님을 믿겠다고 할 정도로 존경받고 신뢰받는 교사가 된 것에 대해 더욱 자랑스러웠습니다. 내가 가르친 제자이지만 그의 삶과 가치관과 신앙과 사역이 존경스러웠습니다.

"그런데... 제자를 존경해도 되나요?"

# 110
# 호랑이 꼬리를 잡은 사나이

지난 목요일 저녁에도 부산 롯데호텔 직장선교회 예배를 드렸습니다. 벌써 2년째 매주 목요일마다 예배를 드리고 있습니다. 삶의 현장에서 하나님께 드리는 예배라서 그런지 더욱 생동감있고 은혜가 있습니다. 예배드리는 사람의 숫자가 많건 적건 간에 호텔의 15층 예배실은 늘 아벨의 제단인 것을 확신합니다.

예배를 마치면 차와 간식을 나누면서 교제를 하는 시간이 있습니다. 늘 기다려지는 행복한 시간이지요. 쭉 둘러앉아서 이런저런 이야기를 나누는데 어쩌다가 예전에 롯데호텔에서 키우던 호랑이 이야기가 나왔습니다. 오늘은 김 팀장님이 이야기 보따리를 풀기 시작합니다. 늘 천천히 조근 조근 말씀을 하시는데 그분이 이야기를 하시면 너무 재미가 있어서 빨려 들어가는 느낌입니다.

그 당시에 인품이 특이하신 사장님이 계셨는데 안하무인 막무가내이셨던 모양입니다. 글쎄 호텔리어를 호랑이를 기르라고 호랑이 우리로 발령을 했다는 겁니다. 직장을 그만 두라는 싸인이라는 걸 왜 몰랐겠습니까. 갈등을 하다가 그만 두더라도 호랑이 우리에나 한번 가보고 그만  두자 싶어서 가서 호랑이를 보니 왠지 호랑이의 품새가 매력적으로 느껴지더랍니다. 호랑이 우리에서의 근무가 어느 정도 익숙해져갈 때 즈음 그만 호랑이가 병이 들었답니다. 사장님이 "자네도 호랑이와 운명을 같이하게..." 하더랍니다. 큰일입니다. 수소문 끝에 서울까지 가서 호랑이 수의사를 모셔와 치료를 하는데 먼저 마취를 하고 호랑이 꼬리에 링거를 꽂았습니다. 그런데 문제는 호랑이의 마취 시간이 두 시간인데 링거는 네 시간을 맞아야 한다는 것입니다. 어쩔 수 없이 커다란 판자를 세우고 구멍을 뚫어서 호랑이 꼬리를 넣고 뒤에서 잡아당기고 있어야 했답니다. 밤 11시가 넘은 시간, 휘영청 밝은 달빛 아래 판자 뒤에 숨어서 호랑이 꼬리를 붙들고 있는 자신의 모습이 처량하기 그지없더랍니다. 그러나 결국 호랑이는 회복이 되고 결국 그 사장님이 다른 곳으로 간 후에 팀장님도 제 자리를 찾게 되셨답니다. 팀장님은 "우리나라에 호랑이 꼬리를 두 시간이나 붙들고 있던 사람이 저 말고 또 누가 있겠습니까?" 하면서 환하게 웃으셨습니다.

화롯불 앞에서 외할머니의 옛날얘기를 듣는 것처럼 재미있는 시간이었습니다. 이야기를 마무리 하면서 팀장님은 '인내와 경험' 이라는 달콤한 알맹이를 건네 주셨습니다. 훗날 팀장님처럼 힘겹게 승리했던 경험을 웃으면서 자랑 할 수 있도록 우리도 하루하루를 잘 견뎌야겠습니다.

# 111

# 그냥 책만 읽는 사람

참 오랜만에 운동을 했습니다. 지난 여름사역 이전에 운동을 하고는 이것 저것 일도 많고 게으르기도 해서 운동을 쉬고 있었지요. 점점 불어가는 몸과 흐트러진 생활 패턴을 바로잡으려고 매일 아침마다 "운동해야지…" 하면서도 차일피일 미루다가 드디어 오늘 헬스장에 등록을 했습니다. 더 이상은 안되겠다는 몸의 신호가 운동을 결심하게 했습니다.

오랜만에 기분 좋게 땀을 쫙 흘리고 샤워를 하기 위해서 목욕탕으로 들어 갔습니다. 문을 열고 들어서자마자 희한한 장면이 눈에 들어오더군요. 어느 중년의 아저씨 한 분이 온탕 안에서 목에 수건을 두르고는 한 손에 책을 들고 열심히 책을 읽고 있었습니다. 탕 안에서 책을 읽는 사람은 처음 봅니다. 가끔씩 후즐근하게 습기를 머금은 신문을 들고 보는 사람은 있었어도 이런 독서광은 처음입니다. 넓은 이마에 송긍송글 맺히는 땀방울을 목에 두른 수건으로 연신 닦아가면서 책장을 넘깁니다. 참 대단한 사람입니다. 그 독서에 대한 열정이 부럽기도 했구요.

조용했던 탕 안에 장난기 가득한 웃음 소리와 함께 두 명의 젊은이가 들어 옵니다. 스무 살 남짓한 친구들입니다. 아마도 기말고사를 마치고 친구들끼리 놀러온 대학생들 같았습니다. 급하게 샤워를 하고는 경쟁하듯이 텀벙텀벙 온탕 안으로 들어갑니다. 책을 읽던 아저씨가 젊은이들을 힐끔 쳐다보며 눈살을 찌푸립니다.

그 젊은이들이 이제 탕 밖으로 나오더니 가위바위보를 합니다. 냉탕에 들어가는 순서를 정하기 위한 가위바위보인 것 같습니다. 한 친구가 졌는지 냉탕으로 "풍덩" 들어갔습니다. 양손으로 자기 몸에 물을 끼얹으면서 몸을 부비기 시작합니다. 많이 차가운 모양입니다. 이긴 친구도 냉탕으로 들어가더니 물장구를 칩니다. 꺄르르 웃는 소리가 참 듣기 좋습니다. 즐거워 보입니다.

그런데 그때, 차마 입에 담지 못할 상스러운 욕설이 목욕탕 안에 울려퍼집니다. 책을 읽으시던 그 아저씨의 욕이었습니다. "야! 이 멍멍 XXX들아! *$#@#$%&*&$%" 아마도 그 친구들 때문에 책에 물이 튀었나 봅니다. 다행이 학생들이 후다닥 냉탕에서 나와 죄송하다고 사과를 했습니다. 그런데 사실 탕 안에서는 물을 튀기는 것보다 책을 읽고 있는 것이 더 잘못한 거 아닌가 싶습니다. 욕을 먹고도 고분고분 사과를 하는 젊은이들이 참 좋아 보였습니다.

그러고는 다시 열심히 책을 읽는 그 아저씨를 보면서 "책을 뭐하러 읽나… " 하는 생각이 들더군요. 워낙 무식하고 못된 욕을 했었거든요. 암튼, 오늘 목욕탕에서 상식도 인격도 없이 "그냥 책만 읽는 한심한 사람"을 보았습니다.

# 112
# 따뜻한 송구영신

2013년도의 마지막 날 교회에서 송구영신예배 준비를 하다가 저녁을 먹기 위해 집으로 들어갔습니다. 한 해의 마지막 날이라서 그런지 설명할 수 없는 묘한 기분이 듭니다. 가족끼리라도 뭔가 의미있는 마무리를 해야 할 것 같은 작은 부담감도 있었고 내심 기대감도 있었죠. 예를 들면 아내가 혹시 맛있는 특식이라도 준비했을지 모른다는 근거 없는 기대감 말입니다.

그런데 집에 들어서니 의외의 풍경이 나를 맞이합니다. 아내와 아이들이 둘러앉아서 뜨개질을 하고 있습니다. 한순간에 기대감은 허물어지고 피식 웃음이 납니다. 하영이와 아내가 뜨개질하는 거야 뭐 그런대로 봐줄 만 한 데 키 185cm의 아들놈이 쭈그리고 앉아서 털모자를 뜨고 있는 모습은 가관입니다. 세이브 더 칠드런의 "신생아 살리기 모자뜨기 캠페인"에 동참하는 거랍니다. 이 캠페인은 털모자를 떠서 아프리카나 아시아의 신생아들에게 전달해 주는 운동이랍니다. 매년 가난한 나라의 어린이 중에 태어난 날 사망하는 아이가 105만 명이며, 태어나서 한 달 안에 죽는 아이들이 295만 명이랍니다. 영양 부족으로 면역성이 떨어진 아이의 사망률을 낮추는 데 따뜻한 털모자가 아주 효과적이랍니다. 실제로 이 운동 이후 죽어가는 아이들 네 명 중 한 명을 살릴 수 있게 되었답니다. 지난 6년 동안 무려 794,920개의 모자가 전달되었다는군요. 정성과 사랑이 듬뿍 들어가는 아주 좋은 봉사라는 생각이 듭니다.

2013년 마지막 날 우리 식구들이 둘러 앉아서 이걸 하고 있었던 겁니다. 좋은 일 한다는데 뭐라 할 수도 없고 결국 저녁식사는 제가 준비해야 했습니다. 마음도 부르고 배도 부른 저녁식사를 하고 다시 교회로 와서 송구영신 예배를 드렸습니다. 송구영신예배는 늘 은혜가 됩니다. 한 해의 마지막과 새 해의 첫 시간을 하나님 앞에서 지낸다는 것만으로도 그렇지요. 기도와 뒷정리를 하고 새벽 2시쯤 집으로 들어갔습니다. 문을 열고 들어가니 아까와 똑같은 장면입니다. 예배를 마치고 와서 잠도 안자고 바로 또 뜨개질을 하고있는 것입니다. 이번에는 어머니까지 합세하셨습니다. 새벽 3시가 넘도록 온 가족이 뜨개질을 하는 모습이 털모자 만큼이나 따뜻하게 느껴졌습니다.

총 여덟 개의 모자를 만들어 보내야 한답니다. 어느 나라 아이인지, 그 아이가 어떤 아이인지는 모르지만 이 모자를 쓰고 꼭 건강하게 잘 자라줬으면 좋겠습니다. 우리 가족은 지난 해의 마지막 시간과 새 해의 첫 시간을 예배와 뜨개질로 보냈습니다. 내심 온가족과 함께 해운대나 광안리 쪽으로 일출을 보러 나가볼까 하는 생각도 했었는데 뜨개질에 밀려서 포기해야 했지요. 하지만 그 어느 맑은 날의 일출보다도 찬란한 새해를 맞이한 기분좋은 새해 아침입니다. 세이브 더 칠드런 덕분에 참 따뜻하고 의미있는 송구영신을 보냈습니다.

책을 마무리하면서 어색한 사람을 목욕탕에서 만난 것마냥 부끄러운 마음이 듭니다. 그럼에도 불구하고 이렇게 책을 내게 된 것은 사실 다른 의도가 있었습니다. 책을 팔아서 돈을 좀 벌어보려고 어거지를 부려본겁니다. 돈이 좀 필요했기 때문이지요. 용도가 정확하고 순수하면 다들 이해할 것이라는 믿음도 용기를 내는 데 한 몫 했습니다. 이 책을 팔아서 돈이 좀 생기면 얼마가 되든지 다음 세대 사역을 위해서 쓸 겁니다.

정말이지 한국교회 큰일났습니다. 교회의 정치나 문화 그리고 세속화된 프로그램이나 영적 흐름도 문제이지만 가장 심각한 문제는 다음 세대들이 교회를 떠난다는 겁니다. 충격적인 사실은 우리나라 청소년 복음화율이 3%~5%랍니다. 제가 청소년일 때만 하더라도 교회 안에 어른들보다 학생들이 더 많아서 골칫거리라고 하는 교회도 많았습니다. 그러나 지금은 청소년들이 어른들의 십분의 일 정도밖에 안됩니다. 이대로 몇 년, 몇십 년이 지나면 한국의 모든 교회들은 부흥은 고사하고 그 규모나 숫자가 십분의 일로 줄어드는 것이 당연한 결과입니다. 참으로 안타까운 일입니다.

이대로 손놓고 있을 수는 없습니다. 그렇다고 뾰족한 방법이 있는 것도 아닙니다. 많은 교회들이 사태의 심각성은 깨닫고 있지만 방법의 부재로 어찌 할 바를 몰라 합니다. 그러다가 여러 교회가 모여서 연합수련회라는 이름으로 청소년집회들을 합니다. 어차피 한 교회로는 수련회가 어렵고 그렇다고 아예 손놓고 있자니 불안하여 궁여지책으로 연합집회를 통하여 위안을 받기도합니다. 그것이 요즘 청소년연합집회가 유행하는 이유일 겁니다. 참 좋은 일인 건 분명하지만 그것으로 근본적인 문제가 해결되기는 어렵습니다.

이제는 학교로 눈을 돌려야 합니다. 학교에 복음의 씨를 뿌려야 합니다. 우리나라에는 6천여 개의 초등학교와 5천여 개의 중학교, 고등학교가 있습니다. 그야말로 영적인 양어장입니다. 수천만 명의 다음 세대들이 복음의 불모지인 학교 안에 갇혀서 복음을 기다리고 있습니다.

우리가 1980년대나 1990년대에 교회의 부흥을 이룰 수 있었던 것은 그 전 신앙의 선배님들이 학교에 복음의 씨앗을 뿌린 것들을 추수한 것입니다. 그런데 우리는 교회의 풍년기일 때 학교에 씨를 뿌리지 못했습니다. 그 결과가 이제 나타나고 있는 것입니다. 지혜로운 농부는 굶어 죽을 위기에서도 종자는 먹지 않는다던데 우리는 씨를 뿌리지는 않고 걷어 먹기만 했습니다. 그래서 이런 위기가 온 겁니다.

그러나 이제라도 마지막 파종의 시기는 남아 있습니다. 다음 세대 사역의 장점은 비교적 결과가 빠르다는 것입니다. 이제 교회들이 복음을 들고 학교를 향하여 적극적으로 파고들어야 합니다. 우리나라의 교회 숫자는 6만 개 정도입니다. 학교 숫자의 5배입니다. 숫자적으로는 다섯 교회가 주변의 한 학교씩 맡아서 기도하고, 지원하고, 전도하면 학교 안에 영적 흐름의 변화가 나타나게 될 것입니다. 이것을 "인근학교 영적 입양사역"이라합니다.

저는 미국에서 사역을 하다가 주님의 인도하심에 따라 2010년 여름에 부산 모리아 교회로 부임했습니다. 위기의 한국교회에 유일한 희망인 다음 세대의 부흥과 회복을 위해서 고민하고 방법을 찾던 중 "인근학교 영적 입양사역"을 실시하게 되었습니다. 지난 3년 동안 부산을 중심으로 이 사역을 소개하고 전개하고 있는데 매우 효과적입니다.

부산에는 337개의 중학교와 고등학교가 있습니다. 그리고 학교의 인근에는 반드시 여러 개의 크고 작은 교회가 있습니다. "인근학교 영적 입양사역"은 교회가 인근의 학교를 자기의 선교지로 정하여 품고 기도하며 장학금 등 물질적인 지원도 하고 복음을 전하며 학교 내에 학생이나 교사들의 기독 동아리를 만드는 것입니다. 학교 안에 기독교 동아리를 만들고 학교가 예배의 처소가 되게 하고 전도의 장이 되게 하는 것이 이 사역의 목표입니다. 이 사역의 좋은 모델이 1996년 강원도 춘천에서 시작된 청소년 선교단체 예스-컴의 사역입니다. Tel 033.244.5400

부산에서는 20개의 기독교학교가 기독학교연맹을 통하여 동역하고 있습니다. 특히 각 학교의 특활 시간을 이용한 전교생 찬양집회나 전도 부흥회도 좋은 결과들을 얻고 있습니다. 이러한 다음 세대 사역들을 위해서 이 책의 수익금을 쓰겠습니다. 함께 해주셔서 감사합니다. 떠났던 다음 세대들이 교회로 다시 꾸역꾸역 돌아와서 우리나라가 세계 선교의 중심 국가가 될 것을 기대하며 오늘도 기쁨으로 씨앗을 뿌려봅니다.

청소년바보 박 상 철

## 인근학교 **영적 입양사역**을 소개합니다

우리가 모두 인식하고 있듯이 다음 세대 복음화 사역은 손해 보고, 실패 하더라도 뛰어들어야 할 절박한 사역입니다. 한국 기독교의 역삼각형 인구 구조, 청소년 복음화율 3%~4%의 참담한 기독교 위기 상황을 벗고 이 땅에 그리스도의 계절이 오도록 하기 위해서 우리는 이제 강력한 영적 전쟁에 돌입해야 합니다. 이대로 시간이 흐른다면 20년 후 한국교회의 모습은 무너진 둑과 같을 것입니다. 그러나 우리는 지금 도대체 어디서부터 손을 대야 할지를 몰라 안타까워하고 있습니다.

청소년 프로그램이나 제도적인 변화 그리고 교회 교육기관의 부흥을 위한 노력과 수고 등 개교회적인 다음세대 사역도 필요합니다. 그러나 댐을 만들어 논에 물을 대는 것이 가장 효과적인 방법인 것처럼 먼저 여러 가지 제도와 악한 문화와 왜곡된 가치관으로 철저하게 복음이 차단되고 있는 여리고성과 같은 학교의 영적인 벽을 허물어야 합니다. 그 일을 위하여 "인근 학교 영적 입양 사역"이라는 새로운 방향성을 가진 영적 전쟁의 강력한 무기를 개발하여 다음 세대 복음화 사역에 투입하려 합니다.

"인근 학교 영적 입양 사역"은 학교를 장악하고 청소년들을 타락시키고 있는 악한 영을 결박하고 퇴치하기 위한 거룩한 사역입니다. 이제 다음 세대 복음화에 대한 그 동안의 안일함을 벗고 모든 교회들이 일어나 이 일에 선봉이 되어 주실 것을 호소합니다.

몇 년 전부터 "국기 게양대 앞 기도 운동"의 정착을 위해 노력을 했으나 역부족이었습니다. 학교 안의 크리스천 학생들을 모으기도 쉽지 않았고 외부 사역자가 학교 안으로 들어가는 것조차도 어려운 현실이었습니다. 여러 번의 시행 착오와 기도와 계획 가운데 학교 복음화를 위하여 새롭게 수립한 사역이 "인근 학교 영적 입양 사역"입니다.

"인근 학교 영적 입양 사역"은 말 그대로 교회가 인근의 학교를 영적으로 입양하여 기도하고 전도하고 복음화하는 학교 복음화를 위한 중심 사역입니다. 이제 이 사역이 대한민국의 모든 초등학교, 중학교, 고등학교와 대학교, 그리고 각 직장에까지 퍼져나가 대한민국이 하나님께 기도하는 나라로 회복되고 다음 세대를 장악하고 있는 악한 영들을 결박하여 건강하고 아름다운 하나님 나라가 되기를 기도합니다. 다음과 같은 방법으로 "인근 학교 영적 입양 사역"을 실시하면 좋겠습니다. 모든 교회들이 이 사역에 선봉이 되어 주시기를 간곡히 바랍니다.

**입 양** 지역의 모든 교회들이 교회 인근의 학교를 선정하여 영적 입양을 합니다.

**선 포** 온 교회 앞에 주께서 맡기신 우리 교회의 선교지임을 선포하고 모든 교우들이 우리교회의 입양 학교임을 인식하게 합니다.

**기 도** 교회의 모든 기도 모임에서 입양한 학교와 교사와 학생들을 위하여 기도합니다. 구역이나 기관별로 학교를 맡기는 것도 좋습니다.

**홍 보** 교회의 게시판이나 주보, 예배 영상 중에 입양 학교의 사진과 기도 제목 등을 게시하여 관심을 고조시킵니다.

**조 직** 교육기관 사역자나 관심 있는 멤버들을 이 사역의 담당자로 임명하여 교회와 지역이나 학교의 특성에 맞는 사역들을 계획하고 실시하도록 합니다.

**파 병** 입양한 학교에 사역 팀이나 그 학교의 학생 등 기도의 용사 2~3명을 파병하여 국기 게양대 앞 기도나 교문 기도를 실시합니다. 기독교 학교일 경우 공적인 예배에 함께 들어가서 예배하는 것도 효과적입니다.

**모 병** 학교 내에 있는 기독 학생과 기독 교사들을 모아서 함께 하는 예배나 기도 모임, 양육 모임을 만듭니다.

**지 원** 가능하다면 학교에 장학금 지급, 시설물 설치, 시험 기간 간식 제공 등의 지원 등을 통해 학교와 친밀한 관계를 유지하며 복음 사역을 원활하게 합니다. 부활절 달걀 제공. 스승

의 날 감사 떡 제공. 성탄절 선물 등

**관 리** 각 지역의 성시화 운동본부나 기독교 연합회, 각 교단의 노회, 지방회 등에 청소년 사역 기구, 인근학교 입양 사역 지원팀 등을 설치하여 사역을 지원합니다. 원활한 연합 사역 을 통해 효과를 극대화할 수 있습니다.

**점 령** 인근 학교 입양 사역, 국기 게양대, 교문 기도 모임을 학교별 기독 동아리로 정착시켜서 성경 공부와 봉사 사역 등 양육을 통하여 제자화하여 학교로 파송된 선교사의 사명을 감당케하여 학교를 복음으로 점령합니다.

우리교회 인근의 학교는 우리에게 맡기신 우리의 선교지입니다! 인근 학교를 입양하여 다음 세대 부흥과 학교 복음화의 선봉이 됩시다. 반드시 성공할 수 있는 단순하고 현실적이며 명확 한 사역의 기획입니다. 시급합니다. 속히 결단해 주시기 바랍니다.

## 이 땅의 청소년들을 위하여 함께 기도해주세요

● 학교의 영적 흐름의 변화를 위하여
● 학교의 건전하고 성숙한 문화의 창달과 정착을 위하여
● 교사와 학생의 신뢰와 존경을 위하여
● 학교가 행복한 인성 교육의 터전이 될 수 있도록
● 학생과 교사들이 구원받고 복된 삶을 살 수 있도록
● 학교의 복음화를 위하여
● 학교 폭력이 사라지고 건강하고 행복한 학교가 될 수 있도록
● 스마트폰과 게임에 중독된 학생들이 중독에서 벗어날 수 있도록
● 술과 담배를 습관적으로 즐기는 아이들이 그것들을 절제할 수 있도록
● 학생들의 성적이 향상되도록
● 학교의 교사와 학생들이 우리교회에 나올 수 있도록
● 성령 충만한 학교가 될 수 있도록
● 학교를 위해서 기도하는 중보기도자가 많아지도록
● 우리 나라의 교육 정책과 제도가 바르게 수립되도록
● 학교의 기독 교사와 기독 학생들이 성령충만하여 늘 승리할 수 있도록 기도해주세요!

**문 의 박상철 목사** ppark1003@hanmail.net **010.4199.1271**